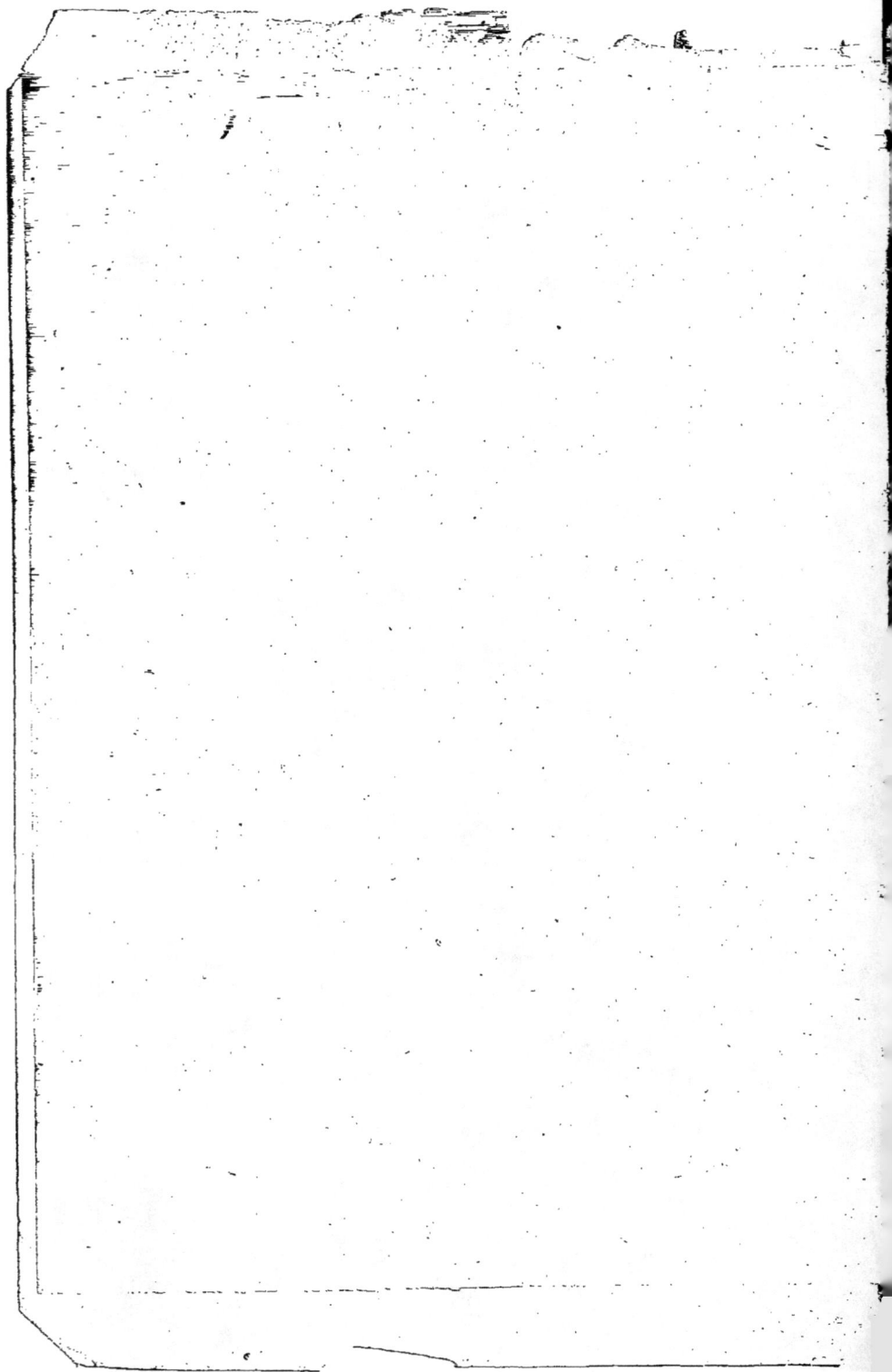

FANTAISIES CRITIQUES

SUR

L'ART MUSICAL

PAR W. FULBERT.

OLORON, IMP. M. MARQUE.

Préface.

———

Je viens faire part au lecteur du résultat de mes observations dans le domaine musical. — J'ai vu quantité de types curieux, je les ai étudiés et analysés attentivement. Mon petit livre en présente quelques-uns, ébauchés à grands traits et choisis parmi les plus frappants.

Il signale encore des abus, des préjugés, des partis pris, fruits de la routine ou de l'insouciance d'un siècle blasé.

Ce sont ces observations que j'ai consignées dans ce volume, sous le titre de Fantaisies.

Je ne me suis pas donné la peine de chercher

un éditeur, par la seule raison que je n'aime
guère à me déranger.

Et puis, je n'ai jamais su intriguer ; cela
nuit à l'indépendance.

D'ailleurs, il y a tant de critiques célèbres !
Et qu'est-ce, pour messieurs les grands édi-
teurs, qu'une petite élucubration sur la musique, comparée à ces romans passionnés et mal-
sains dont se nourrit le dix-neuvième siècle?...

Oui ! une des causes de nos revers....

Allons ! Voilà que j'allais sortir de mon
sujet et faire de la morale transcendante;
c'est d'ailleurs mon défaut de développer un
sujet à propos d'un autre: au fait, tout se tient
dans ce monde et tout chemin mène à Rome.

Ce n'est pas l'avis de nos bons académi-
ciens. — Mais c'est là un petit malheur. Ces
honorables aristarques s'irriteront si jamais
ils savent qu'un profane tel que moi a osé violer
le temple des lettres.

Eh bien ! Je dois le dire :

C'est en lisant plusieurs de leurs ouvrages,
que j'ai pris du courage et que je me suis dit:
Puisque de pareilles balourdises passent, puis-

qu'on imprime de telles insanités, mon petit livre peut bien passer, lui aussi.

A parler franchement, je me soucie de leurs foudres comme d'un pétard qu'on tirerait sur moi de l'Indo-Chine.

Quant au lecteur non académicien, il se montrera plus indulgent, lorsqu'il saura que je ne me pose pas en littérateur, mais simplement en musicien qui parle sincèrement et fait part aux autres de ses impressions.

Peut-être ce petit livre ne sera-t-il qu'un mort-né : dans ce cas, il aura cela de commun avec beaucoup d'autres, et c'est là une consolation. — Je suis philosophe..... dans la bonne acception du mot et nullement comme ceux qui font des théories sur les probabilités, sur la métempsycose, sur les atomes crochus ou sur la parenté de l'homme et du singe.

A quoi bon écrire alors ? me dira-t-on :

J'écris, d'abord, parce que cela m'amuse ; en second lieu, parce que je crois que mon temps est aussi bien employé à cela qu'à courir les cafés, les comités électoraux et tant d'autres lieux nuisibles au travail, à l'intelligence, à la santé et à la bourse. — J'écris, parce que j'ose espérer que mon travail pourra être de quelque utilité ; parce que je suis sûr que le temps qu'on voudra bien passer à me lire ne sera pas perdu en vaines et absurdes discussions politiques qui ne font, les trois quarts du temps, qu'irriter les esprits et brouiller les meilleurs amis, ce qui ne nous empêche pas de payer TOUJOURS de lourds impôts, et de servir de marchepied à quelques cyniques ambitieux qui se servent de nous pour arriver, nous payent en belles paroles, rient sous cape de notre bêtise. Leur patriotisme se résume à cette formule, vieille comme le monde : PRIMO MIHI, SECUNDO TIBI. J'écris, enfin, parce que j'aime à suivre sans ordre et au courant de la plume, les inspirations de la nature.

Je suis artiste, en un mot ; voilà qui explique tout.

Un livre sans préface est une chandelle sans lumière. — Voilà ma préface.

Cela dit, je commence.

FANTAISIES CRITIQUES

SUR L'ART MUSICAL.

CHAPITRE PREMIER

SERVANT D'INTRODUCTION ET TRAITANT DU GOUT
EN GÉNÉRAL.

En musique comme en peinture, en littérature et en bien d'autres choses qu'il serait
trop long d'énumérer, les goûts varient à
l'infini, suivant le tempérament des personnes
et le milieu dans lequel elles vivent.

Rien, en effet, n'est plus bizarre que le

goût, et quoi qu'on ait dit : « De goûts et de couleurs il ne faut pas disputer », nous voyons des discussions s'élever tous les jours en toute matière et notamment en matière d'art... sans parler de la politique bien entendu.

Nous avons eu pour la musique, les *piccinistes* et les *gluckistes ;* pour la peinture, les *ingristes* et les *coloristes ;* nous avons encore les classiques et les romantiques et ces derniers, s'ils ne sont pas exagérés, semblent prévaloir.

La gastronomie elle-même se classe pompeusement au rang des arts, et cet *art* me paraît beaucoup plus cultivé que les autres, quoique l'homme soit une intelligence avant d'être un estomac. — Il a eu son martyr : Vatel. Il a son grand maître de l'ordre : le baron Brisse. Je ne suis pas fort en blason, mais il me semble, d'instinct, que ce baron doit avoir dans ses armoiries une carotte et un navet, et pour devise : « Engraisser ou mourir ! ».

En littérature, on voit des gens très-sérieux lire le plus sérieusement du monde certaines feuilles insipides, sans fond et sans forme.

Il en est qui ne veulent lire que la *Revue des deux mondes,* par la seule raison, peut-être, qu'ils ne comprennent rien à ce fatras de mots empoulés et de phrases sonores sentant leur pose et leur pédantisme à quinze lieues : si ce n'est de l'*Ithos,* c'est du *Pathos.* Une foule d'abonnés de la même Revue ne la lisent pas, mais ils sont posés auprès d'un certain monde, par le fait seul qu'ils la reçoivent. S'ils n'ont pas de la gravité, ils passent pour en avoir ; cela est bien porté aujourd'hui.

Tel autre, au contraire, ne vit que de calembours et de canards qu'il achète pour ses dix centimes, à certains journaux *littéraires* ; cela l'amuse énormément, il ne voit rien qui puisse approcher de ces bons mots et facéties, à l'instar des vieux almanachs.

Un autre bourre son esprit de drames judiciaires, de meurtres, d'assassinats d'empoisonnements et de toutes sortes de vilenies : il est naturellement abonné à la *Gazette des tribunaux.*

Le croirez-vous? lecteur ! il en est qui apprennent le dictionnaire par cœur.

En peinture, on ne rencontre pas des goûts
moins opposés. Tel qui admire Delacroix, ne
pourra souffrir Ingres ; celui-ci recherche le
trompe-l'œil et le relief, sans se préoccuper
de l'idée ; celui-là court après les œuvres des
réalistes : Courbet est son dieu.

Il y a des *connaisseurs* tellement épris des
tableaux anciens, qu'ils passent leur vie à courir
les campagnes, achetant tous les vieux tableaux
enfumés, toutes les madones attribuées, avec
ou sans raison, à Murillo ou à Velasquez. Pour
eux, plus un tableau est noir, écaillé et effacé,
plus il a de prix ; moins ils le peuvent voir,
plus ils l'admirent. Tel autre vous dira : « Ce
tableau est magnifique : il est peint sur bois
ou sur cuivre », comme s'il était plus difficile
de peindre sur bois ou sur cuivre que sur toile.
Il en est qui recherchent des chiffons de
papier sur lesquels on aperçoit quelques
coups de crayon, quelques hâchures. Que
leur importe ? si ces coups de crayon sont

attribués à un maître : une ligne tracée par
un maître peintre ne vaut-elle pas mieux qu'un
beau tableau bien peint et bien composé par
un jeune inconnu. Il existe une bonne charge
de je ne sais plus quel caricaturiste. Elle représente un rapin à la tête chevelue et inculte,
surmontée d'un chapeau tyrolien. Au second
plan, un commissaire-priseur de l'*Hôtel des
ventes*, tenant un tableau qu'admirent de
nombreux amateurs. — Le rapin, un sourire
narquois sur les lèvres, s'écrie : « Mon marchand
me dit que mes tableaux ne valent pas plus de
dix francs, et ici on me vend pour du Rubens. »
N'est-ce-pas, ami lecteur, que cette charge est
amusante et qu'elle exprime bien ce qu'un
observateur voit chaque jour à l'hôtel Drouot ?

J'ai vu, au même *Hôtel des ventes*, lors de
la mise aux enchères des œuvres de Delacroix,
des enthousiastes acheter pour cent et deux
cents francs, des carrés de papier d'un bleu
gris, sur lesquels on distinguait quelques lignes
représentant tant bien que mal des lions, des
tigres ou des panthères. Delacroix avait l'habi-
tude de *se faire la main* avant de passer à son

atelier. Il ne se doutait pas que ces papiers, qu'il jetait dans son panier comme inutiles, seraient religieusement recueillis par une servante, et vendus, après sa mort, au poids des billets de banque. Si son ombre a pu assister à cette comédie, elle a dû bien rire.

Les maîtres eux-mêmes ont eu leurs ridicules en fait de goût. Pour n'en citer qu'un, j'ai lu quelque part que le grand Ingres avait une telle horreur pour les œuvres des coloristes, que chaque fois qu'il devait passer dans la galerie de Rubens, au Louvre, il ouvrait son parapluie et la traversait en courant de toute la longueur de ses jambes, bousculant et renversant sur son passage les visiteurs étonnés.

Le lecteur me pardonnera ces exemples préliminaires qui sont de véritables écarts. Je les lui offre seulement à titre de comparaison, et je rentre dans mon sujet : la musique.

Je commence par signaler quelques divergences entre mille, qui ont divisé les plus grands musiciens, qui les divisent encore et qui les diviseront toujours, même dans la musique de l'avenir.

Des ouvrages critiques laissés par Berlioz, il résulte qu'il honnissait toute musique, ou à peu près, si ce n'est celle de Beethoven, qu'il met au-dessus des maîtres passés, présents et, ce qui est plus fort, à venir ; si ce n'est aussi, naturellement, la sienne qui a paru au public français beaucoup plus savante qu'inspirée.

Adam a une antipathie prononcée pour la musique des *amateurs*. En revanche, il y a des amateurs distingués qui le lui rendent bien. J'en connais qui en remontreraient à des artistes de profession et qui, à part le *Chalet* et quelques autres morceaux d'Adam, ne sont guère enthousiastes de son *Sourd ou l'auberge pleine*, de son *Postillon*, etc...

CHAPITRE II.

DES BALLETS.

—

Quelques observations sur les ballets trou-veront ici leur place.

Il est des gens qui dorment devant les plus beaux chefs-d'œuvre de l'opéra, pour ne se ré-veiller qu'au bruit des grelots qu'agite cette folie connue sous le nom de ballet. D'où vient cela? Mon Dieu! affaire de goût.

A Bordeaux, les ballets du grand théâ're rivalisent avec ceux de l'opéra de Paris. Et cela s'explique: le public Bordelais a toujours accordé une médiocre attention à la musique. On parle à haute voix pendant tout l'opéra, ce qui fait assez ressembler le théâtre à une foire. Mais lorsque vient le ballet: « Silence! » crie-t-on de toutes parts, depuis le paradis jusqu'aux fauteuils d'orchestre, et le silence le plus religieux s'établit comme par enchantement. A Bordeaux, un chef-d'œuvre sans ballet n'aurait pas plus d'une représentation. Au contraire, une platitude musicale aura un succès fou, s'il y a un ballet à chaque acte.

Il n'en est pas ainsi à Toulouse. Autant la musique y est en honneur, autant la danse y est méprisée. A part quelques étudiants qui envoient de maigres et ironiques applaudissements aux quatre ou cinq danseuses composant tout le corps de ballet, le reste du public demeure froid. Le public Toulousain trouve que le ballet est un hors-d'œuvre et qu'il entrave l'action. — Que signifient, me disait un Toulousain à la tête allongée en forme de pain de sucre, que signifient dans *Robert-le-Diable*, ces nonnes ridicules qui, sous le futile prétexte de tenter

Robert, sortent de leurs tombeaux, dépouillent leurs suaires et viennent à demi vêtues et les cheveux épars, comme des courtisanes des plus mauvais temps de Rome, exécuter des poses plus ou moins académiques, autour du héros de Meyerbeer qui n'y comprend rien, non plus que le public? — Que voulez-vous, lui dis-je, c'est un amusement, une diversion. — Eh bien ! reprit-il indigné, nous autres Toulousains, nous n'en voulons pas. Ces danses efféminées n'ont rien de commun avec le grand art dramatique qu'elles souillent. Ce qui corrompt dans les comédies-vaudevilles, c'est l'immoralité du fond et de la forme ; ce qui corrompt à l'opéra, c'est le ballet.

Là-dessus, mon Toulousain me fit un grand cours de morale qu'il serait trop long de reproduire et qui, d'ailleurs, serait mieux placé dans un sermon que dans un écrit de ce genre.

Ce qu'il y a de certain, c'est que les compositeurs dramatiques ont compris que, presque partout, les ballets ne contribuaient pas peu au succès de leurs opéras ; aussi y ont-ils introduit des ballets hors de propos, à tout propos; à propos de bottes, comme on dit vulgairement. Plus les danseuses sont jeunes, jolies et provocantes, plus elles ont du talent. Plus les jupes sont courtes, plus le succès est grand. Voilà pourquoi, dans le ballet de *Mignon*, on les a supprimées tout-à-fait. Pour peu que cela continue, on en viendra à montrer au public des danseuses dans le plus simple appareil ; leur chevelure remplacera les jupes.

Est-ce un bien, est-ce un mal ? Le moraliste s'indignera, les amis du plaisir diront que c'est un progrès. Pour moi, je pense un peu comme le Toulousain, et je ne vois pas ce que le ballet vient faire à l'opéra. Aux compositeurs dramatiques et aux hommes impartiaux, de trancher la question.

CHAPITRE III.

ÉBAUCHONS QUELQUES TYPES.

Il est temps, mon cher lecteur, de vous présenter quelques physionomies de dilettanti.

Et d'abord, à tout seigneur tout honneur : je vous transporte dans les garnisons.

Le militaire, le vrai soldat français, le troupier, vous parlera avec enthousiasme de la musique de son régiment, du chef qui compose des morceaux où l'on entend des coups de fusil, des coucous, des rossignols et des clochettes ; du sous-chef qui joue de trois ou

quatre instruments ; du piston solo et de la
petite flûte, tous lauréats du Conservatoire.
Pour le soldat, la musique militaire est l'idéal de
l'art... après la gamelle, et cela se comprend.

Le colonel, la musique, les sapeurs, tout cela
ne fait qu'un. Le sapeur est le planton né du
colonel qu'il garde et protége. Le colonel à
son tour, protége la musique.

Il suit de là que le sapeur, sous son enve-
loppe grossière, est comme le palladium de la
musique. — On se demande si c'est le colonel
qui aime le plus sa musique, ou si c'est la musique qui aime le plus son colonel, ou, enfin,
si c'est le sapeur qui aime le plus et la musique et le colonel, en sorte que l'on finit par
tomber comme dans un labyrinthe.

Au théâtre, le musicien militaire ne perd
pas de vue la stalle qu'occupe son chef de
musique. Il épie du coin de l'œil ses moin-
dres mouvements ; il étudie les différentes expressions de sa physionomie, afin de
découvrir l'impression que produit sur lui
l'ouvrage qu'on représente. Si le chef applaudit,
le musicien fait l'écho.

Le piston solo est occupé à suivre la partie de son instrument favori. Son œil et son oreille sont sans cesse braqués sur son confrère de l'orchestre. Y a-t-il par hasard un solo, sa figure s'épanouit ; il est tout oreilles et se dit complaisamment en lui-même :

« Bah ! qu'est-ce que cela, comparé à mon double coup de langue et à mes variations ? »

Le tambour se préoccupe peu de l'ensemble de l'œuvre. Il compte les *rra* et les *fla*, et se targue, en pensant à l'infériorité relative de *ce* tambour civil.

L'officier de cavalerie, lui, n'est sensible qu'aux accents de la trompette ; pour lui, un opéra n'est rien, comparé à son air favori sur les célèbres paroles :

« Ayez pitié de ces pauvres bêtes
« Qui sont attaché-*es* par la tête
« A l'Écurie !
« A l'Écurie ! »

Voilà pour le public militaire.

Passons au public religieux, puisqu'on dit que les extrêmes se touchent .

Entrez dans une cathédrale le jour de la Pentecôte. Ce n'est pas vers l'autel que se concentre l'attention générale ; c'est vers la tribune d'où pleuvent sur le peuple les mâles sons des grandes orgues. Chacun est dans l'admiration ; depuis la benoite, jusqu'au rat d'église ; depuis le sacristain jusqu'à l'officiant. Un grand événement vient de s'accomplir : l'organiste, au milieu d'un contrepoint des plus embrouillés et du bruit du vent, qu'on prendrait pour les roulements du tonnerre, n'était la circonstance, fait entendre à grand peine le chant du *Veni Creator*. De là, l'ébahissement général. Toutes les dévotes saisies d'une frayeur religieuse à ce bruit inattendu, courbent la tête, comme si elles redoutaient un cataclysme.

Interrogez le vicaire (le vicaire est en général *l'amateur* de l'endroit : il chante) ; interrogez-le donc ; il vous dira que le dit organiste est un musicien éminent, qu'il a remporté les prix d'orgue et de fugue au conservatoire, etc....

Les allemands excellent surtout dans ce genre embrouillé : plus on est allemand, plus on est fuguiste, contrapuntiste et le reste. J'aurai d'ailleurs occasion de parler un peu plus loin de nos excellents voisins d'Outre-Rhin, et alors, oh ! alors, pour employer une expression originale de M. de Villemessant dans le procès Vitu-Trochu, «je boirai du lait» bien que je n'aime nullement ce doux et innocent breuvage.

Autant le troupier est glorieux de la musique de son régiment, autant le clergé, les fidèles et les subalternes de la cathédrale sont fiers de leur organiste.

Il y a encore dans presque chaque cathédrale, un petit Eliacin, dont la voix féminine (et, entre nous, un peu nasillarde), est « remplie d'onction et donne une idée des chants célestes.» A la maîtrise, on enseigne le latin et la musique au jeune Eliacin. On en fera un professeur ou un élève du conservatoire lorsque, l'âge et les conseils aidant, il se prononcera en faveur de Lhomond ou de la clef de *sol*. Ce système réussit quelquefois ; le plus souvent, il jette sur le pavé des parasites, demi savants à l'affut de cachets pour enseigner les déclinaisons latines, ou artistes incompris courant les cafés-concerts, vivant dans une mansarde (si on peut appeler cela vivre), et mourant dans un hôpital.

Il y aurait aussi des anecdotes amusantes à écrire sur ces *petits crevés* et sur ces *petits gras* qui ont leurs loges marquées dans les théâtres où l'on joue de l'Offenbach ou du Hervé, et aussi sur ces nobles personnages couronnés qui, venus en France sous prétexte de visiter l'exposition de 1867, délogaient les susdits petits crevés et petits gras à coups de louis, et se montraient heureux.... comme des rois, lorsque la grande duchesse de Gérolstein acceptait la tabatière d'honneur qu'ils lui envoyaient le lendemain de la représentation......

— Hé ! majestés,... et les mœurs ?

Faut-il parler de ces braillards insensés qui hurlent à tout propos la *Marseillaise* ? je ne le pense pas : ce ne sont pas même des musicâtres

Je croirais faire injure au lecteur honnête en lui parlant de cette drogue. Je me contente de constater en passant que ce fameux morceau a fait son temps et qu'il n'a jamais été pour un musicien, plus digne d'attention que le non moins fameux *Partant pour la Syrie*. Il y a, en effet, mille et une marches, mille et un pas redoublés qui valent cent fois mieux que cette loque révolutionnaire, souillée de lie de vin et de sang.

La *Marseillaise* est pourtant bien populaire, me direz-vous. — Oui, elle est populaire comme les chansonnettes obscènes et comme les complaintes qui courent les rues. — Elle est à la musique ce que ces chansons et ces complaintes sont à la belle poésie, ce que le ruisseau est au fleuve. — Pourquoi donc a-t-elle eu un si grand succès de popularité ? Eh ! mon Dieu ! parce qu'il y a un peuple d'imbéciles, comme il y a une populace de scélérats, parce qu'enfin il existe toujours des moutons comme ceux de Panurge.

Citons en terminant ces fœtus musicaux, qui se pâment aux naïfs accents des airs connus; goût singulier et qui démontre combien chez certains individus, la bosse de la musique est restée à l'état de pois chiche. — Ces bons vieux airs, me dit-on, faisaient les délices de nos aïeux. — C'est sans doute une qualité. — Ils sont sublimes dans leur simplicité naïve. — D'accord; mais a-t-on oublié que le sublime touche au ridicule, que la naïveté coudoie la bêtise? —

— Hé quoi! me dira-t-on, auriez-vous l'audace d'insinuer que ces monuments sont ridicules! — Pardon, je n'insinue rien, puisque je reconnais qu'ils ont le mérite de rappeler à la plupart de leurs admirateurs le temps *jadis* où ils ont vécu; et ce n'est pas là un mince mérite : on est si heureux quand on se souvient!

— Ces airs là sont ils sublimes ou ridicules? —

Je sais bien ce que j'en pense, mais je n'en dirai rien, de peur de passer pour tranchant. Aussi, me permettra-t-on de faire mes réserves sur une aussi dangereuse question. En outre, si je me prononçais, je risquerais fort de déplaire à certaines braves gens dont je tiens à ne pas perdre l'estime. Après tout, on peut être un honnête homme, et avoir un goût plus que douteux au point de vue de l'art. Je n'ai pas la hardiesse de Boileau-Despréaux. Ce poëte téméraire répondit, assure-t-on, au *Roi-Soleil* qui lui montrait des vers de sa façon, plus dignes d'un balayeur que d'un roi :

« Sire, vous êtes un fort grand roi ; mais ces vers sont détestables. »

Donc, je ne conclus rien. Je pose des faits, voilà tout. Je laisse au lecteur le soin de conclure. Tant pis pour lui, s'il y met de l'irrévérence.

CHAPITRE IV.

LES FANATIQUES DU CLASSIQUE.

—

La musique classique et la musique moderne.

Il n'est pas donné à tout le monde de comprendre et d'apprécier les beautés de la musique classique.

Ce qui la distingue de la musique moderne, c'est surtout une grande clarté d'harmonie. Elle est pure et limpide comme l'eau des fontaines.

La musique moderne a plus de richesse dans les accompagnements, plus de variété dans les différents motifs qui composent une pièce, plus de nouveauté et de hardiesse dans les finales. Elle est plus libre dans ses allures qui semblent défier les règles, de telle sorte qu'on pourrait l'appeler musique *romantique,* à cause de son indépendance. Cependant, les enharmonies y sont parfois trop fréquentes, et l'harmonie trop recherchée, ce qui donne à bien des compositions modernes, un cachet prétentieux.

Il faut dire que la musique classique a plus d'unité et de délicatesse ; mais trop souvent (surtout dans les pièces de second ordre), cette unité dégénère en monotonie et en répétitions abusives, et la délicatesse n'est pas éloignée de la naïveté.

La plupart des œuvres classiques, les sonates par exemple, sont écrites sur un plan et sur un rythme donnés ; on y voit dominer des tours et des formes qui leur sont particuliers. Cela fait que les oreilles peu exercées peuvent confondre entre elles deux compositions parfaitement distinctes. Si la musique classique nous a donné Mozart, Beethoven, Haydn et Mendelshon, la musique moderne a vu fleurir de grands compositeurs, dans tous les genres.

Eh bien ! on trouve des gens qui affectent de honnir les modernes, pour se prosterner uniquement devant les monuments classiques, bien qu'ils ne comprennent rien ni aux uns ni aux autres.

Le bon ton. Les écorcheurs.

Il est de bon ton, aujourd'hui, de prôner la musique classique aux dépens de la musique moderne. Il y a sans doute de fort mauvaise musique moderne, mais personne ne niera qu'il y en a d'excellente. C'est ce dont ne veulent pas convenir beaucoup de musicâtres qui jouent fort mal et qui s'imaginent que tout le mérite d'un musicien consiste à étourdir l'auditoire, à coups de doubles et de triples croches. Cela n'empêche pas des gens fort sensés, qui n'osent pas les contredire par respect humain, de les applaudire par politesse : c'est de bon ton.

Et cependant, il y a dans toute musique une pensée qu'il faut traduire par l'exécution, pour la communiquer à l'auditeur.

L'instrumentiste n'est qu'un interprète interposé entre le compositeur et ceux qui écoutent.

Le croirez-vous ! ce sont précisément les écorcheurs, les râcleurs et les tapoteurs de musique, qui posent exclusivement pour la musique classique. O trop heureux maîtres modernes qui êtes délaissés par de tels *exécuteurs !* Pauvre Mozart ! pauvre Beethoven ! et vous tous, admirables maîtres, qu'on peut appeler les pères de la musique, je vous plains d'être livrés à de tels bourreaux. Vos mânes doivent tressaillir d'horreur et se boucher les oreilles, s'il leur est donné d'entendre ces cacophonies dont retentissent la plupart de nos salons à la mode, et qu'on nous donne comme étant vos œuvres sublimes !....

Voyez ces obstinés aveugles ; ils hâchent du matin au soir, comme des exercices d'agilité, les remarquables productions de votre génie. Rien n'y est ; ni mouvement, ni mesure, ni expression, ni nuances ; des notes, encore des notes et toujours des notes ! Quelle horrible boucherie ! Plus on va vite, plus on met la pédale forte, et plus c'est beau, et plus on a du succès. On se dépêche, on se hâte et puis on se frotte les mains avec plaisir, en disant d'un air vainqueur: Je viens de jouer tout le premier livre des sonates de Mozart.

Aussitôt auditeurs d'applaudir, avec un sourire flatteur sur les lèvres, et de maudire dans leur cœur le pauvre compositeur qui n'en peut mais.

Les journaux de modes.

Les journaux de modes se distinguent par la diversité des primes qu'ils offrent à leurs abonnées.

Les uns n'envoient que du classique, mais là, du pur classique ; les autres ne l'expédient qu'à de longs intervalles, comme un bon point à leurs « petites amies. »

Mᵐᵉ Théobaldine Pinson, directrice du journal *La Crinoline*, ne comprend rien à la musique, mais elle va de confiance et ne jure que par Mozart. Tout ce qui n'est pas Mozart est « insipide et bête » ; (je relève ses propres expressions dans un numéro de 1869). Elle baille en entendant les œuvres du maître : mais qu'importe ! est-ce que Mozart n'est pas à *la mode* aujourd'hui ?

Elle édite et réédite donc, sous tous les formats, les œuvres du roi des sonates, entre une historiette soi-disant littéraire, intitulée : l'*Orpheline ou la vertu récompensée* et les règles à suivre pour placer avec art un faux chignon.

Mme Liza Clapin, qui dirige un autre journal de modes, est plus modeste que la précédente : elle se borne, sans étaler bruyamment des opinions musicales qu'elle n'a pas, à envoyer tous les mois une polka *gracieuse* ou un quadrille *brillant* dont il n'y a ni bien ni mal à dire, surtout si l'on ferme les yeux sur quelques petites fautes d'harmonie qui, après tout, ne dénotent, de la part du compositeur, qu'un peu d'inexpérience.

Cela n'empêche pas les abonnées de les pianoter et de les trouver « jolis ».

Cette musique, d'ailleurs, ne peut être

qu'intéressante : elle est la plupart du temps composée par des demoiselles.... à marier.

Toutefois, quelques rares sonates ou menuets suivent par intervalles les polkas et les quadrilles ci-dessus « pour former le goût ».

Quel assortiment!....

Encore quelques têtes.

Parmi les innombrables fanatiques du classique, il faut citer de jeunes virtuoses et *enfants prodiges*, cherchant la gloire qui fuit, et se rabattant sur l'engouement d'un certain public « comme il faut» pour ramasser quelques sous; des donneurs de concerts, où le *droit* des pauvres et les frais d'éclairage absorbent toute la recette (quand il y en a) ; des pianistes chevelus aux doigts de caoutchouc, taillés en pattes d'araignée ; des échappés de conservatoire, qui écrivent des sonates calquées sur celles de Mozart et qui croient avoir enfanté des chefs-d'œuvre, qu'ils se rabachent à eux-mêmes et dont ne veut aucun éditeur.

3.

Nommons en passant, cette multitude d'amateurs des deux sexes qu'on rencontre dans les concerts classiques.

Ceux-ci suivent la mesure d'un air connaisseur, avec un petit branlement de tête à contretemps; ceux-là étalent leurs toilettes taillées à la dernière mode..

Ils vont là pour être spectacle plutôt que spectateurs, et poser les uns vis-à-vis des autres. Cette comédie est jouée avec le sérieux de la tragédie héroïque, ce qui lui donne encore un caractère plus bouffon.

Je n'en finirais pas, si je voulais passer en revue les différents types que j'ai longtemps observés, depuis le vieux monsieur et la vieille marquise édentée, qui vont dormir aux concerts Pasdeloup, et qui s'éveillent en disant avec un air béat: « Ah! que c'est beau! », jusqu'à la demoiselle *sérieuse* qui se nourrit des *bonnes traditions du pianiste* (ce qui fait bien l'affaire de l'éditeur Litolff); depuis madame de la Coquillière-St-Germain, dans les salons de laquelle on ne joue que du Beethoven ou... de l'Offenbach, jusqu'à *mossieu* Plichu qui a une bibliothèque complète de musique classique arrangée pour le flageolet *solo*, collection qu'il travaille à réunir depuis trente ans sur ses économies.

Pincé!! .....

Voici ce qui arriva à un artiste distingué avec un ignorant soi-disant fervent admirateur de Mozart. Ce monomane le poursuivait avec un tel acharnement pour lui parler de son dieu et fouler aux pieds nos plus grands maîtres modernes, que notre artiste, fatigué de ses obsessions, résolut de s'en débarrasser en le mystifiant.

Il lui joua donc, un jour, une longue improvisation, en lui disant que c'était là une œuvre inédite et inconnue du célèbre compositeur classique, dont il devait la communication à l'obligeance d'un collectionneur de ses amis. Il ajouta même que c'était une sonate, bien que la dite improvisation ne ressemblât en rien à ces sortes de compositions.

— C'est admirable, s'écria le fanatique ; et vous me parlerez après cela de nos mordernes cuisiniers en musique !

— Monsieur, lui dit l'artiste, j'en suis bien fâché pour vous ; mais, pour le moment, que vous veuilliez ou non, Mozart c'est moi !

Notre dilettante était trop classique pour lui chercher querelle ; d'ailleurs il avait tort.

Je n'essaierai pas de décrire les grimaces et les contorsions qu'il contenait à grand peine.

Il s'efforça de sourire, et accabla l'improvisateur de compliments qui lui eussent tourné la tête s'il avait été assez simple pour croire à leur sincérité.

Cela fait, l'obsesseur prit son chapeau, serra la main de son mystificateur pour faire bonne contenance et disparut, pour ne plus revenir, en l'appelant : Farceur !......

Oies sur la scène et dans la salle.

Il faut s'attendre à tout dans ce siècle d'audace, d'ignorance et de crédulité.

Quelques biographes rapportent que Mozart a laissé plusieurs ouvrages inachevés : de ce nombre étaient, parait-il, certains fragments incomplets destinés à bâtir un opéra-bouffe. Un industriel se chargea de les rapiécer tant bien que mal et d'en faire un tout. — Peu après, un petit théâtre « à la mode » de Paris, annonça à grand renfort de réclames, suivant l'usage, un opéra inédit de Mozart, ayant pour titre : *L'oie merveilleuse*, et dans lequel on faisait monter en scène une grande pièce automatique de la grandeur d'une autruche, ayant la prétention de représenter une oie.

Aussitôt une multitude de gens de l'espèce ci-dessus décrite s'empressèrent de retenir leurs stalles, attendant avec impatience le jour « trois fois heureux », comme dit le poëte, de la représentation. De confiance, l'ouvrage était déjà baptisé chef-d'œuvre par ses futurs auditeurs.

Enfin le jour ou plutôt le soir tant désiré se leva... étoilé (?) — le rideau en fit autant. La pièce fut exécutée, applaudie ; les artistes

rappelés (l'oie comprise); la recette abondante ;
la direction radieuse, et . . . le tour fut joué.

O bon public parisien ! est-ce bien du
Mozart qu'on vous a servi? et l'oie n'était-elle
réellement que sur la scène? . . . . .

— Mystère !! . . .

Et dire que si ce même ouvrage eut été
signé Trouillefeu, il eut été impitoyablement
sifflé.

Conclusion.

De tout ce qui précède on doit conclure
que, lorsqu'on n'entend rien à la musique,
il faut savoir se taire et se retrancher mo-
destement derrière son ignorance ; et que,
lorsqu'on y entend quelque chose, il faut
avoir le courage de reconnaître le beau là
où il est ; car si tout ce qui est classique
n'est pas beau, tout ce qui est beau est
classique.

Fontenelle s'écriait, dans son temps : «Sonate,
que me veux-tu ? » Parce que Fontenelle, en
homme d'esprit qu'il était, avait le courage

de son opinion ou le sentiment de son in-
compétence. Il n'aimait pas ou ne comprenait
pas les sonates, et il le disait.

CHAPITRE V.

LA MÉLODIE, L'HARMONIE ET LE CHARABIAS.

Italiens, Français et Allemands.

Bien qu'il soit élémentaire que toute composition musicale a besoin du concours simultané
de la mélodie et de l'harmonie, nous voyons
des hommes exclusifs mépriser la mélodie,
pour ne louer ou n'écrire que des œuvres
purement harmoniques ou réciproquement.

Il en est résulté des exagérations telles, que
les partisans de la mélodie sont tombés dans le
lieu commun, tandis que les entêtés harmonistes
se sont perdus dans des inbroglios inextrica-
bles.

Voilà pourquoi beaucoup d'Italiens ont écrit

des mélodies tellement vulgaires qu'on croit les avoir déjà entendues partout ; voilà pourquoi aussi, la plupart des compositeurs allemands nous ont assassinés de compositions confuses et incompréhensibles.

Il y a des gens qui s'imaginent qu'ils vont compromettre leur réputation de savants, s'ils écrivent autre chose que de la musique torturée, où les transitions se succèdent sans rime ni raison, et n'ont pas même le mérite de surprendre agréablement l'oreille : ce ne sont que des déchirements succédant à des bizarreries.

Ce dernier travers si commun aux allemands, est aussi le propre de ceux qui hantent les conservatoires.

Comme beaucoup d'élèves sont là par métier, et qu'ils ne sont doués ni de l'inspiration mélodique ni de l'inspiration harmonique, ils se jettent dans les chiffres et les formules, enfantent une musique composée de véritables hiéroglyphes et s'intitulent carrément : *harmonistes !*

Il en est même qui seraient au comble de leurs vœux s'ils pouvaient remplacer le tout par des fugues ; mais, grâces à dieu ! le public ne mord pas à cet hameçon-là.

Adolphe Adam signale cette tendance des apprentis musiciens, dans son livre, *Souvenirs d'un musicien* :

« Lorsqu'on créa — dit-il — la classe de « composition de Boïeldieu, les premiers élèves « qui y furent admis avaient déjà reçu les « impressions de la coterie du conservatoire. « Aussi, Grétry n'était pour eux qu'une per- « ruque, Rossini qu'un faiseur de contredanses. « Quelle ne fut pas leur surprise de recon- « naître que celui qui devait leur enseigner « la composition, professait la plus haute « admiration pour ces deux hommes de génie, « que nous étions bien loin de regarder comme « tels..... On ne parlait alors au Conserva- « toire que des *turlututu* de Rossini. »

Le même auteur dit plus loin :

« Ce que Boïeldieu aimait le moins, c'était « la musique contournée et manquant de mé- « lodie. »

A cette époque, le genre sombre en effet était en honneur : Méhul et Chérubini étaient les chefs de cette école révolutionnaire et trop absolue.

L'harmonie quand même tentait de détrôner la mélodie dont les principaux représentants étaient Grétry et Dalayrac, et le public donnait la préférence à la musique savante.

Cela ne dura pas longtemps.

Boïeldieu opéra une fusion entre l'harmonie et la mélodie, non point cette mélodie plate et commune des italiens, mais une mélodie distinguée, vraie, inspirée et admirablement soutenue par une harmonie « franche et naturelle. »

Nos plus grands maîtres modernes, Hérold, Auber, Halévy, Ambroise Thomas, Félicien David et Gounod, ont su, dans des genres différents, marier et appliquer à l'art musical dramatique, ces deux éléments primordiaux. Leurs œuvres sont si admirables et leurs inspirations si sublimes, qu'on peut dire que l'art dramatique français est aujourd'hui à son apogée.

Cette bienfaisante influence de l'art français s'est étendue jusque sur le sol de l'Italie, y a détrôné ces fioritures et ces intempestifs points d'orgue qui déparaient affreusement les plus beaux ouvrages des compositeurs italiens. Les opéras français de Donizetti, Bellini, Rossini et Verdi, productions dégagées de toute formule d'école, en sont la preuve vivante.

Seuls, les allemands s'obstinèrent et s'obstinent encore. Ils croupissent dans leurs incompréhensibles traités et dans les équations algébriques appliquées à la musique.

Quelques grands génies tels que Weber et Meyerbeer, ont su se soustraire à cette étreinte qui étouffe l'inspiration.

Ces deux colosses ont démontré victorieusement que la musique de théâtre ne doit pas être plus exclusivement harmonique que mélodique. Elle doit être dramatique, expressive et mouvementée ; il faut qu'elle s'applique à rendre les situations et ne doit pas dire : « Je t'aime », comme elle dirait : « Je te hais », ainsi qu'on le voit dans beaucoup d'opéras italiens.

« Mais, dit un biographe (*), tandis qu'en

_____

(*) Galerie des contemporains illustres par un homme de rien, tome 3, page 9 (1841).

« Allemagne la musique de théâtre reste avant
« tout *harmonique,* la mélodie prédomine en
« Italie, le drame et le mouvement se fixent
« en France. Aujourd'hui, il tend à s'opérer
« chez nous, entre ces trois éléments de l'art
« musical, une sorte de synthèse vers laquelle
« ont marché Rossini dans ses opéras français,
« M. Auber dans *la Muette,* et dont M. Meyer-
« beer, qui a écrit successivement dans les
« trois genres, est indiqué comme le repré-
« sentant le plus élevé.

« Cette opinion est-elle fondée et la musique
« a-t-elle trouvé son Michel-Ange ? »

L'auteur que je viens de citer, se contente
de poser la question sans la résoudre.

Pour moi, je n'hésite pas à répondre affir-
mativement.

*Robert-le-Diable, Les Huguenots, le Pro-
phète* et enfin *l'Africaine,* dernier ouvrage du
maître, vu, revu, dépécé et rajusté par on ne sait
qui et pour on ne sait quoi, sont des œuvres
capitales. Meyerbeer, qui a écrit tous ces chefs-
d'œuvre en France et pour la France, a été

surpris par la mort avant d'avoir pu mettre la dernière main à l'*Africaine*.

Ce grand ouvrage, malgré tous les arrangements et dérangements qu'on lui a fait subir, a conservé le cachet que le maître imprimait aux œuvres de sa dernière manière, alors qu'il était dégagé de toutes les influences italiennes qui, au début, l'avaient empêché de se connaître lui-même. Quoi qu'on ait fait, on y retrouve le souffle puissant de Meyerbeer.

Parmi ces immortelles productions, il faut placer les *Huguenots* au premier rang. Jamais, avant l'apparition de cet opéra magistral, on n'avait entendu une musique aussi élevée ni aussi saisissante. Rien ne peut être comparé à la belle scène de la *Bénédiction des poignards*, ni au sublime duo entre Valentine et Raoul.

Seul le trio de *Guillaume Tell* peut soutenir le parallèle.

Le beau choral de Luther apparaît dans l'œuvre de Meyerbeer, sous une série de transformations harmoniques et hardies qui, loin de le dénaturer (ainsi que cela se voit dans les mélodies *arrangées* par des fuguistes et des contrapuntistes outrecuidés), le relèvent tout en le faisant valoir de plus en plus. Il se détache sur l'ensemble de l'ouvrage, comme les étendards au milieu des armées pendant la bataille.

Oui, Meyerbeer est le Titan de la musique, comme Michel-Ange est le Titan de la peinture, de l'architecture et de la sculpture.

Ces deux hommes mettent dans leurs conceptions quelque chose de surnaturel qui étonne, interdit et inspire le respect et l'admiration.

Si Meyerbeer est né en Allemagne, on peut dire que son génie est français, car c'est en France qu'il s'est développé ; c'est pour la France qu'il a écrit ses plus beaux ouvrages. Dès qu'un génie se lève en Allemagne, il se trouve embarrassé dans ce pays de despotisme pour les uns et de servilité pour les autres ; il cherche un autre patrie dans laquelle il puisse donner un libre essor à ses inspirations. C'est ce qu'a fait Meyerbeer.

L'Allemagne voudrait remplacer cette adorable fusion de la mélodie et de l'harmonie

par le style obscur et fugué, comme elle tente
de remplacer la civilisation par le canon Krupp.
Ses efforts sont inutiles, et ses élucubrations
abstraites ne dépassent pas la frontière.

Décidément la bière, la choucroute et l'amour
des conquêtes troublent le cerveau, et finissent
par l'abrutir au point que nos bons envahisseurs
ont pris nos pendules pour des métronomes per-
fectionnés. Cela explique pourquoi ils n'ont pu
résister à la tentation de nous les voler.

CHAPITRE VI

—

Nous venons de voir que la fusion de la mélodie et de l'harmonie était accomplie. — J'en dirai autant des différentes *écoles*. Ainsi, *Guillaume Tell* ne saurait être classé dans ce qu'on appelle l'école italienne. L'*Hamlet* d'Ambroise Thomas n'a rien de commun avec l'école française. La plupart des partitions de Verdi ne sont plus déjà aussi italianissimes, et ses derniers opéras ne le sont plus du tout. Les *Huguenots* et l'*Africaine* de Meyerbeer n'ont

4.

rien à voir avec l'Allemagne, car, entre un allemand ordinaire qui personnifie la formule scolastique et Meyerbeer qui personnifie l'inspiration et le génie, il y a un abîme.

On rencontre encore, il est vrai, des rythmes uniformes, assommants chez les peuples moins avancés (sans parler des espagnols dont tout le système musical se réduit à la *jota* et au *boléro*, — toujours avec accompagnement de castagnettes). Mais tout cela ne compte pas dans l'art.

Aujourd'hui, la musique tend à s'universaliser peu à peu ; les réminiscences disparaissent insensiblement ; il devient de plus en plus impossible de classer un compositeur vraiment digne de ce nom. La classification n'existe plus que pour les animaux, les plantes, les drogues, les compositeurs de trente-sixième ordre ou les plagiaires qui ne connaissent pas l'inspiration. Les maîtres modernes ont rompu avec les traditions d'école. Si la république universelle est une utopie, on n'en peut pas dire autant de la musique. Ce grand art, véritable émanation divine, ne doit pas rester limité, comme un pays, à tel fleuve, à telle chaine de montagnes, à telle longueur d'épée, à telle mare de sang.

Malgré l'évidence de cet aphorisme, il y a d'excellentes gens et aussi de hautes capacités critiques qui se chargent d'enroler bon gré mal gré dans l'une des ex trois écoles, les compositeurs et les compositions, absolument comme un naturaliste classe des pucerons, des pachydermes ou des marsupiaux.

Aussi sont-ils en complet désaccord sur les œuvres de Félicien David, de Gounod, etc....

Ainsi, tandis que les uns mettent *Faust* dans l'école allemande, les autres le nichent dans l'école italienne (!) etc... Les moins entêtés, sans toutefois vouloir renoncer à leur cher *distinguo*, écartent la difficulté en disant que *Faust* est un opéra *sui generis*. Mais c'est ainsi que doivent être toutes les œuvres d'imagination, qui sont de véritables créations, et ne peuvent par conséquent pas être de vulgaires plagiats.

Laissons donc les classifications aux chimistes, aux naturalistes, aux pédagogues universitaires.

La classification sent trop la bureaucratie et l'administration (pouah !) — Je ne l'aime point en matière d'art.

Il n'y doit pas avoir d'école pour celui qui crée : le génie n'en a pas ; il a une personnalité.

CHAPITRE VII

On a abandonné plusieurs magnifiques ouvrages, sous prétexte que leurs auteurs avaient abusé des cuivres. *La Reine de Saba* de Charles Gounod, et l'opéra de Mermet, *Roland à Ronceveaux* sont de ce nombre. Mais alors, pourquoi joue-t-on le *Freitchutz* de Wéber et tous les opéras de Meyerbeer, qui sont tout aussi cuivrés ?

Au théâtre comme ailleurs, il est de ces anomalies qu'on ne peut comprendre.

La *Reine de Saba*, une des plus belles partitions de Gounod n'a eu, je crois, qu'une seule représentation à l'Académie de musique parce que, disaient quelques critiques, cet opéra est étourdissant. On ne juge pourtant pas un ouvrage de cette taille sur une seule audition.

Il ne faut pas confondre l'emploi et l'abus des timbres cuivrés.

Cette classe d'instruments n'a, auprès de certaines personnes, que la qualité d'étourdir le public ; ces quelques personnes ont-elles la prétention de croire qu'elles sont le public ?

Certes, si Weber, Meyerbeer, Gounod et d'autres ont employé les cuivres, du moins ils l'ont fait avec intelligence.

De l'emploi à l'abus il y a loin.

Mais on est bien posé aujourd'hui, dans un certain milieu, chez les enthousiastes du *quatuor*, en dépréciant les instruments de cuivre. Ces gens-là ignorent donc ou veulent ignorer le bel effet produit par ces instruments lorsqu'ils sont à leur place.

Tous les compositeurs ne connaissent pas, comme Weber, Meyerbeer et Gounod, les secrets de cette classe d'instruments plus diffi-

ciles à manier qu'on ne le croit en général,
précisément à cause de leur sonorité.

⁂

J'ai vu maintes fois, au théâtre, des délicats
se boucher les oreilles pendant le *Chœur des
soldats* de *Faust*, au moment où Gounod a si
heureusement introduit dans sa partition un
orchestre militaire.

Ce chœur, devenu si populaire, est régulièrement bissé, malgré les protestations de
quelques individus qui croient se donner un
air connaisseur en affectant une sorte de dé-
goût pour cette belle page.

Ils disent que cette musique-là est faite pour
le menu peuple, et nullement pour le public
intelligent, dans lequel ils se rangent, avec une
modestie qui est en raison directe de leur compétence.

Parce que ces messieurs fument des *londrès*
et hantent les gens de lettres, ils croient devoir
s'ériger en juges et prononcer en dernier res-

sort. Ils vous disent avec un air de supériorité :
« Je connais un tel qui a fait plusieurs vaude-
villes », et ils s'imaginent être des autorités,
parce qu'un de leurs camarades de café a fait
du bruit ou du scandale.

L'opéra de Mermet, *Roland à Ronceveaux*,
a été l'objet d'une critique injuste, à cause
de l'emploi des timbres cuivrés que nécessitait
cette pièce éminemment militaire.

Et ce sont ces mêmes critiques qui,
après avoir exalté cet ouvrage outre mesure,
lors de son apparition, ont été les premiers
promoteurs de sa chute à Paris. M. Mermet
aurait-il négligé de les inviter à dîner chez
Brébant? C'est une grave faute, en vérité.

J'ajoute, pour l'honneur de la province,
qu'elle n'a pas donné dans le panneau, car,
malgré les après-coups des journalistes de Paris,
on continue à jouer ce bel opéra dans les
principales villes de France.

On a dit encore que *Roland* n'était qu'une série de pas redoublés. Je ne perdrai pas mon temps à combattre cette opinion saugrenue ; chacun sait, en effet, qu'on ne peut faire un opéra avec une série de pas redoublés, pas plus qu'avec une série de valses, de quadrilles ou de sonates.

Je me demande si, dans le *Chœur des soldats* de *Faust*, et encore dans une pièce toute guerrière comme *Roland à Ronceveaux*, les instruments à cordes ou à anche eussent été d'un meilleur effet que les cuivres, et, dans ce cas, je serais fort aise qu'un de ces sucrés qui veulent absolument bannir les cuivres, m'indiquassent le moyen d'accompagner décemment, avec des violons, un chœur de soldats allant affronter les chances d'une bataille, ou revenant triomphants après la victoire.

Autant je trouve ridicule l'absence des instruments de cuivre dans ces sortes de situations,

autant je blâme leur présence dans une église
pour y accompagner une messe.

Il a été donné à notre génération de jouir
du grotesque spectacle d'une messe chantée,
en 1868, dans l'église St-Eustache, avec accompagnement de musique militaire.

On conviendra qu'il faut avoir l'esprit inventif
pour imaginer de fourrer une musique militaire
dans une église, alors qu'il y a dans cette église
un orgue, instrument éminemment religieux.
Tout au plus une musique de ce genre serait-
elle admissible pour accompagner le *Sanctus*
qui doit être un chant de triomphe, comme
l'indiquent les paroles, bien que plusieurs
auteurs, et avec eux le grand Beethoven (tout
homme est faillible) aient cru devoir encadrer
cette acclamation triomphale dans une musique
douce et langoureuse qui eut mieux convenu
aux paroles : *Adoro te supplex latens deïtas.*

❧

On le voit, il y a des exagérations dans tous.

les sens, et cependant, un compositeur ne
saurait assez se pénétrer de cette grande vérité
qui est un des axiomes de la musique :

Rendre les paroles et les situations par tous
les moyens au pouvoir des compositeurs : telle
est la première condition d'une bonne musique
dramatique ou religieuse. — Pour cela, il ne
faut ni forcer ces moyens, ni les mépriser ;
deux extrêmes à éviter.

❧

Les *italiens* connaissent peu le maniement
des instruments de cuivre ; ils bourrent leurs
partitions de coups de trombone, et tout est dit.
Cependant il faut distinguer le *bruit* de Meyerbeer, qui est de la musique, d'avec le *bruit* des
italiens, qui n'est que du bruit.

Rossini lui-même est loin de savoir manier
les cuivres comme Meyerbeer, son ancien élève ;
on rencontre dans plusieurs de ses partitions,
des éclats de trombones, assez maladroits. Pour
n'en citer qu'une, je nomme la fameuse cantate
de 1867, immense charivari (dédié à Napo-

léon III), avec cloches et canons « excusez du peu ! » disait familièrement le malin maestro, à la suite de sa dédicace.

Rossini a-t-il voulu rire aux dépens de l'Europe entière alors accourue à Paris pour contempler la merveilleuse Exposition internationale, ou bien a-t-il écrit sérieusement cette bruyante partition ?

Un poëte a dit :

Timeo Danaos et dona ferentes.

On pourrait dire avec autant de raison :

Timeo Rossini et dona ferentem. (*)

(*) On sait que Rossini aimait à jouer avec sa facilité prodigieuse. Il a même écrit, en Italie, un ouvrage entier en dépit du bon sens, et pour le simple plaisir de se moquer et de se venger du public qui l'avait sifflé. — Fétis raconte qu'un jour un *impresario* de Venise apporta à Rossini un fort mauvais livret intitulé *Sigismondo*. La musique composée, l'*impresario* s'excusait de lui avoir donné un livret si mauvais. « Tranquillisez-vous, répond en riant Rossini, je m'en suis aperçu et j'ai fait ma musique plus mauvaise encore. » L'impresario n'en veut pas croire un traître mot. Rossini, qui réellement avait fait une musique exécrable, commence à craindre pour sa réputation. Il veut empêcher qu'on entende sa musique et ordonne aux violons de s'interrompre, à chaque mesure, pour frapper un coup d'archet sur l'abat-jour en fer-blanc du pupitre.

Le public fut d'abord étonné, croyant à un effet nouveau ; mais comme ce singulier accompagnement continuait, il entra

Les incartades musicales de l'auteur de *Guillaume Tell* et du *Barbier de Séville* ne l'empêchaient pas de plaisanter aux dépens du maître le plus sérieux dont s'honore l'opéra français, aux dépens du grand Meyerbeer.

Lors de la première représentation du *Prophète*, à Paris, Rossini se trouvait à Bologne. Quelqu'un s'étonna qu'il ne voulut pas entendre le nouvel ouvrage de Meyerbeer. « Bah ! répondit-il, avec ce sourire *buffa* qui le caractésait, je l'entendrai bien d'ici ! »

Cette maligne réponse était-elle simplement une plaisanterie ou bien une critique amère et déplacée ?

Quoiqu'il en soit, elle mit les rieurs de son côté et arracha des hourras d'enthousiasme aux fidèles du dieu, qui remplirent leurs journaux d'une prose exhalant une odeur d'encens qu'on eut pu sentir à Bologne, quoiqu'il fut brûlé à Paris, bien mieux qu'on n'y pouvait entendre les cuivres de Meyerbeer.

---

en fureur, cassa les lustres, brisa les banquettes et faillit assommer Rossini qui se sauva, en riant sous cape du public qu'il venait de mystifier d'une façon si originale.

Il est plus difficile de bien employer les cuivres que de dénigrer ceux qui savent s'en servir, et le bon La Fontaine eut une sublime inspiration quand il composa sa fable : *Le renard et les raisins.*

❖

N'abusez donc pas des instruments de cuivre dans une partition ; ne les proscrivez pas non plus d'une manière absolue, à moins que vous n'ayez la singulière prétention de produire des effets saisissants, à l'aide d'une cornemuse ou d'une guitare.

❖

CHAPITRE VIII

LES CONCOURS D'OUVRAGES DRAMATIQUES.

—

Personne, dans le monde musical, n'ignore les difficultés presque infranchissables que rencontrent les compositeurs inconnus pour faire entendre leurs œuvres au public. En imaginant les concours on a cru résoudre la difficulté. A-t-on réussi ? — Non, mille fois non.

Les concours sont une gasconnade et rien de plus : je vais le démontrer.

Quels résultats, en effet, nous ont donné les concours ? — Aucun.

Que sont devenus les ouvrages couronnés ?

Ils sont rentrés dans la poussière de l'oubli, comme ces animaux et ces plantes qu'on appelle éphémères : leur éclat n'a duré qu'un jour. Le jury n'ouvre la porte à un auteur que pour le mieux faire jeter par la fenêtre par le public.

De ce que dix ou douze membres du Jury de vues et de genres différents sinon tout-à-fait opposés proclament la supériorité d'un ouvrage, s'ensuit-il que cet ouvrage sera du goût du public ? — Nullement. Au contraire ; jusqu'ici, tout ce que les membres du Jury ont marqué d'un point d'honneur n'a obtenu que des succès d'estime.

Le public a manifesté pour ces œuvres couronnées une sorte de respect, à cause du jugement rendu par une majorité d'hommes déjà célèbres, respect mêlé à une sorte d'ennui et de froideur que lui inspirait l'ouvrage ; et l'ouvrage est silencieusement tombé.

Telle œuvre peut être du goût du Jury et ne produire qu'une faible impression dans l'esprit du public. Telle autre, au contraire, qui est écartée, eut remporté les plus brillants succès.

Il n'en est point d'un opéra ou d'une cantate comme d'une version latine, où seuls quelques professeurs sont compétents et prononcent en dernier ressort.

Aussi, lorsqu'on proclame dans les concours en Sorbonne, que M. Balochard a remporté le grand prix de version latine ou de discours latin, tout le monde, d'une voix unanime, s'accorde à le reconnaître le plus fort sur ces sortes d'exercices surannés. Il n'en coûte rien au public (que le latin intéresse d'ailleurs fort peu), d'admettre la supériorité du dit Balochard ès-élucubrations latines, car tout le mal que pourra lui faire ce lauréat sera de le doter de quelque nouvelle traduction annotée de feus Horace, Tacite, Tite-Live, Quinte-Curce ou Virgile, ce qui équivaut pour le public français à une chiquenaude qui manque son but.

Il suit de là que Balochard restera toute sa vie le roi des versions et discours latins dans sa génération.

Mais que l'opéra de M. X*** soit proclamé le meilleur par les membres du Jury, c'est une

5.

autre affaire. Cela intéresse le public, et le public veut avant tout que la chose lui plaise.

Il est à remarquer que ce juge suprême et presqu'infaillible qu'on appelle le public, cet ensemble composé des éléments les plus divers, produit une résultante intelligente. De deux choses l'une : ou il reste froid, et l'œuvre est à jamais condamnée ; ou il s'enthousiasme, et cet enthousiasme des masses fait connaître un chef-d'œuvre, car, je le répète, le public se trompe rarement. Si, quelquefois, il a méconnu des chefs-d'œuvre, la faute en était au directeur trop négligent, aux acteurs qui chantaient faux ou qui faisaient des *agréments,* ou au régisseur de la scène qui montait mal l'ouvrage. Si, quelque fois encore, des chefs-d'œuvre ont été méconnus, c'est qu'on ne les comprenait pas à la première et unique représentation. Un ouvrage d'une grande portée tel qu'un grand opéra a besoin de plusieurs représentations, je ne dis pas pour être apprécié, mais même pour être compris.

La faute n'est donc pas au public qui n'a pu juger un ouvrage sur une audition, mais au directeur spéculateur qui, voyant de la froideur aux premières représentations, a craint de ne pas *faire de l'argent* avec cet ouvrage, et l'a retiré de l'affiche.

Pareille chose est arrivée au *Faust* de Charles Gounod, qui fut méconnu à sa première représentation. Fort heureusement que pour l'honneur de la France, cet opéra sublime fit une seconde réapparition qui permit de l'apprécier à sa juste valeur. Faust est aujourd'hui placé au premier rang parmi les opéras de premier ordre. Seule, l'œuvre de Meyerbeer, *les Huguenots*, peut lui être comparée.

Le public est indépendant, et comme il paie pour qu'on lui fasse plaisir et non pour qu'on l'ennuie, il sait dire si ce qu'on lui fait entendre charme ou non ses oreilles et touche son cœur. Peu lui importe l'opinion du conservatoire ou de l'institut. Et qui fait l'institut si ce n'est le public ?

On ne peut citer que de rares ouvrages qui aient résisté à la froideur du public, ce calme plat, plus désespérant que la tempête des sifflets.

Je vais plus loin et je dis qu'il est impossible de bien juger une partition sans l'entendre.

On a beau lire la musique, connaître à fond le contrepoint et la transposition, le timbre des instruments, leur accouplement et toutes les combinaisons d'orchestration, jamais on ne me fera croire (et je suis ici l'écho de bien des artistes) qu'un jury possédant, même au plus haut degré, toutes les qualités que je viens d'énumérer, puisse se rendre compte des effets de théâtre et d'orchestre renfermés dans une partition.

Comment a-t-on jamais eu la naïveté d'espérer qu'un juge enchevetré dans trente ou quarante partitions *manuscrites* puisse nettement se formuler une opinion sur ces différents ouvrages, et surtout dire que celui-ci vaut mieux que celui-là ?

Comment un homme pourra-t-il lire sur vingt-cinq ou trente portées à la fois, sur plusieurs clefs différentes, une quarantaine de parties dont un tiers est transposé ?

Prenons une page de partition à l'endroit où le compositeur a introduit dans son œuvre

un orchestre militaire sur la scène ou dans la
coulisse, un autre orchestre dans la salle, un
orgue, etc....

Quel cerveau humain se fait fort, sur simple
lecture, de comprendre quelque chose à cette
pluie de notes, surtout s'il y a des réponses et
un peu de contrepoint, si le mouvement est
rapide, s'il y a, à chaque mesure, des enharmonies, des doubles dièzes ou des doubles
bémols ?

Admettons que cela puisse se faire avec des
partitions *gravées*. La chose sera-t-elle possible
avec un *manuscrit*, surtout si ce manuscrit est
formé d'une écriture par exemple aussi illisible
que celle de Meyerbeer ? Les notes de ce
grand maître ressemblaient à des pattes de
mouche, ses dièzes et ses bécarres à des z, ses
silences à des notes, et ses notes à des silences.
Que de copistes ont dû perdre la vue en dé-
chiffrant ces énigmes sublimes !

De même que la peinture est faite pour les
yeux et qu'on ne peut juger et couronner un
tableau si on ne l'a pas vu et si on ne le con-
naît que par description ; de même la musique

est faite pour les oreilles qui la transmettent à l'âme. Elle doit donc être entendue, non point fredonnée au piano, mais à pleine voix et à grand orchestre, telle en un mot que le compositeur l'a écrite.

Je passe encore là-dessus et je veux que les membres du Jury puissent lire couramment une écriture plus illisible encore que celle de Meyerbeer.

Dans ce cas, je suppose que Berlioz et quelques autres partageant ses idées composent le Jury et qu'ils aient à choisir entre *Le Trouvère* de Verdi et un ouvrage allemand fort bien fait au point de vue de la science, mais sans inspiration et, partant, manquant de mélodie. Qu'arrivera-t-il ? — L'ouvrage allemand sera couronné parce qu'il est *bien fait* et *savant*. *Le Trouvère* sera mis de côté, parce que cet ouvrage, empreint d'une musique sauvage, renferme des accompagnements quelque peu monotones et qui ne sont rien moins que fugués.

Et ce que j'avance n'est pas trop fort comme on pourrait le croire : je donne simplement l'opinion de Berlioz.

Berlioz est mort, mais il a laissé des écrits qui parlent pour lui, et disent assez quelle était sa manière de voir.

Prenez les *Soirées de l'orchestre*. Chaque chapitre commence ainsi : « On joue un opéra italien moderne très-plat », ou « on joue un opéra français moderne très-plat. »

C'est là, on le voit, une manière de dire que Berlioz n'aimait ni les opéras français modernes ni les opéras italiens modernes. Or, *Le Trouvère* est un opéra italien moderne.

Il est donc très-plat et condamné d'avance par Berlioz et ses pairs.

Supposons aussi que feu Auber qui aimait beaucoup la musique de Verdi soit juge dans la même question.

« M. Auber, dit l'auteur des *Biographies comtemporaines*, ne comprend pas les allemands ; il ne se sent pour cette musique ni enthousiasme ni dédain ; il aime mieux ne pas en parler. »

M. Auber donnera donc le prix au *Trouvère* et écartera l'opéra allemand savant et ennuyeux.

Souvent le Jury est composé de théoriciens en renom, qui n'ont jamais compris et ne comprendront jamais ce qu'est l'inspiration, cette qualité première d'un compositeur, parce qu'ils procèdent, eux, par le calcul. Pour eux, une fugue aura toujours l'avantage sur une belle mélodie simplement accompagnée. Pour eux, l'art de la composition n'est autre chose qu'une science, une sorte d'algèbre.

On peut appliquer à l'art en général et à la composition dramatique en particulier ce que M. de La Landelle dit au sujet des inventions scientifiques, dans son remarquable ouvrage *Le tableau de la mer* :

« Les corps savants, excellents pour la con-
« servation des saines traditions scientifiques,
« parfaits pour la perpétuation des travaux pé-
« riodiques les plus importants, et fort souvent
« utiles au perfectionnement d'œuvres déjà

« reconnues viables, ne valent rien dès qu'il
« s'agit de l'examen d'un projet, d'une inven-
« tion, d'une machine, ni même d'une théorie
« nouvelle. L'histoire l'atteste. Malheur au
« novateur qui demande à une académie
« quelconque aide et protection, il est perdu,
« mort et enterré, sauf résurrection en dehors
« de la docte nécropole. » (*)

L'opéra de génie envoyé au concours, qu'il
soit couronné ou non, y est *enterré*, s'il m'est
permis d'employer la juste et énergique expression de l'auteur éminent que je viens de
citer. C'en est fait de lui, s'il ne peut, par le
canal de la protection ou par l'argument irré-
futable de l'argent, se frayer une route pour
être convenablement présenté au public, pour
opérer sa « résurrection en dehors de la docte
nécropole. »

En résumé, concours par ci, concours par

(*) Tableau de la mer. — La vie navale, page 481, (2e édi-
tion 1867).

là ; de grandes influences semblent s'émouvoir
de la situation précaire faite, dans notre siècle,
aux compositeurs ; on promet monts et mer-
veilles, on dore la pilule ; on met au concours
des paroles pour des cantates et des opéras. Les
journaux annoncent pompeusement qu'on va
entrer en lice ; quantité de paroliers et de
crédules compositeurs, confiants dans ces pré-
tendus protecteurs de la musique dramatique,
sont pris d'une fièvre de produire qui ne leur
laisse de repos ni jour ni nuit. Les nobles am-
bitions et les espérances les plus légitimes succèdent au morne abattement qui enchaînait le
génie. — Résultat : zéro. Toutes ces grandes
protestations officielles n'étaient que des fusées,
que des *fac simile* de protection. Beaucoup de
bruit pour rien. C'est toujours le *ridiculus mus*
d'Horace, résultant de ce bruyant accouche-
ment des montagnes.

Pauvres compositeurs ! qui prenez au sérieux
de pareilles comédies. Vous croyez qu'on vous
protége ? On se rit de vous. On vous traite
comme des enfants que l'on veut faire taire ;
on vous séduit par un mirage trompeur. —

Vous vous rendez malades, vous passez vos
nuits dans l'insommie, vous écrivez huit cents
pages de partition, auxquelles (si on les
examine) on ne voit que du bleu. Puis, si
l'ouvrage couronné a quelque valeur, ce qui
arrive quelquefois par hasard, cet ouvrage
est relégué dans des cartons poudreux. Tout
au plus, le fait-on entendre une fois au public.
Encore est-ce en manière d'acquit, et dans des
conditions si mesquines, que vous pouvez être
surs d'une chute sans retentissement. Vous
réclamez dans les journaux, vous demandez à
exercer un droit sacré. Vous insistez pour que
votre ouvrage soit interprêté convenablement.
Vains efforts. En général, votre voix se perd
au milieu des comptes-rendus officiels et des
faits divers. On vous considère non point comme
des hommes qui ont un droit, mais presque comme des misérables qui demandent l'aumône et
qui ont récours à la réclame dans l'espoir de se
procurer quelques moyens d'existence. On vous
plaint ; c'est tout. Votre nom ? mais ces mêmes
journaux qui ont annoncé le concours avec tant
de pompe ne l'écriront que pour la forme et

en l'écorchant. Il sera si bien enfoui dans le
texte que l'argus le plus clairvoyant le prendra
pour celui d'un apothicaire qui annonce un
nouvel élixir contre la carie des dents. Votre
nom ? Comment voulez-vous qu'on puisse l'in-
scrire dans un journal ? La place est prise. Ne
faut-il pas qu'on fasse savoir au public que
M. X***, ambassadeur, a diné au ministère, qu'il
a éternué pour s'être trouvé au courant d'air,
mais que sa santé n'est point compromise,
qu'il a des favoris taillés en côtelettes, ce qui
lui fait un belle tête de diplomate.

Ne faut-il pas qu'on fasse connaître les nom,
prénoms, âge et domicile de M. V***, cocher de
fiacre qui a rapporté à la préfecture de police,
alors qu'il aurait pu la voler, une bourse con-
tenant vingt francs que M. G., employé de
commerce, avait oubliée dans son véhicule. (Il
y a donc un grand mérite à n'être pas voleur ?)
Ne faut-il pas qu'on raconte que le cheval de
M. le comte de Faux-Col a remporté le prix de
la ville de Paris, le prix de 100,000 francs ?
Cent mille francs à un cheval ! l'argent qu'il
faut pour monter un opéra, pour révéler peut-

être un chef-d'œuvre ! Cent mille francs ! de quoi tirer un génie inconnu de sa mansarde pour en faire une gloire nationale !

Et ce génie, qui eût été la gloire de sa patrie, mourra dans un hopital à côté d'un sot prodigue, et cela parce qu'on a donné les cent mille francs à un cheval ou à son propriétaire, ce qui est la même chose.

Le nom d'un compositeur ! mais qu'est-ce donc que cela, à côté des faits importants que je viens de relater ? Hé quoi ! vous travaillez toute votre vie pour vous faire un nom ! que vous êtes naïf !

Écoutez le conseil d'un ami, vous tous qui êtes avides de popularité :

En attendant que des philanthropes trouvent une combinaison qui vous soit plus favorable que les concours, habillez-vous en turc ou en japonnais ; soyez principal témoin dans un procès scandaleux, devant une cour d'assises, et vous serez plus connu que si vous aviez écrit un chef-d'œuvre.

CHAPITRE IX.

—

LES LIVRETS.

—

Depuis plusieurs années, on se formalise beaucoup de la facture des livrets, dans les opéras nouveaux, au point de vue de la littérature et de la poésie. Cela est nuisible à la composition dramatique. En outre, cette rigueur prive le public de fort bonne musique, puisque la musique est rendue solidaire du livret, et le suit naturellement dans sa chute. Il y a là de quoi décourager les plus intrépides compositeurs.

Sur cent livrets, il est difficile d'en trouver

un qui soit bon. La raison en est toute maté-
rielle ; je le démontre plus bas. Il suit de là que
tous les nouveaux opéras tomberont quoique,
dans le nombre, il s'en trouve d'excellents. Il
n'y aura d'exception que pour les opéras des
auteurs déjà en renom. Nous avons vu *le Premier jour de bonheur,* d'Auber, tenir bon, malgré le sujet qui est on ne peut plus vieillot et
qui eut été condamné s'il eut été traité par de
jeunes auteurs.

Autrefois, quand la musique était bonne, la
pièce restait malgré la platitude du livret. C'é-
tait logique.

Aujourd'hui, c'est le contraire ; quand le
livret succombe sous les coups de la critique,
la musique doit le suivre.

Avec une telle pratique, on tue tous les opéras ; la noble carrière du compositeur dramatique devient impossible. C'est la négation de
la plus haute expression de l'art musical.

Et cependant, des deux éléments dont se
compose tout opéra, la musique est la partie
capitale ; le livret est tout à fait secondaire.
Ce qui le prouve, c'est le bon sens public. On

dit en effet : *Les Huguenots* de Meyerbeer,
la *Muette* d'Auber, le *Faust* de Gounod, et
nullement : Les *Huguenots* de Scribe, etc.,
etc.

On le voit donc, le livret n'est pas une partie
bien essentielle de l'opéra. C'est tout simplement un prétexte, une machine à situations,
un canevas tramé par l'auteur des paroles et
destiné à recevoir les broderies plus ou moins
savantes, plus ou moins inspirées du musicien.
Il est recouvert par la musique, comme le tissu
est recouvert par la laine ou par la soie.

Un librettiste n'est pas, ne peut pas être un
poëte, ni même un littérateur. C'est un *paro-*
lier, comme on l'appelait dans le bon vieux
temps, avec raison.

Notre siècle n'a pas le sentiment de l'ensemble. Sa mesquinerie l'arrête dans les détails les
plus insignifiants.

Il ferme les yeux sur des anachronismes et
des contré-sens inqualifiables et il a la manie
de chercher la perfection dans les endroits où
elle est inopportune. C'est l'amateur inintelli-

gent examinant le cadre avant d'acheter le tableau.

Le librettiste, en tant qu'écrivain, en dehors de l'opéra, peut être aussi bon littérateur que beaucoup d'écrivains ses confrères qui ne manquent pas, par leurs critiques intempestives, de démolir les ouvrages nouveaux. Ils tombent à bras raccourcis sur la musique à laquelle souvent ils ne comprennent rien. Et si la musique sort victorieuse de leurs assauts, ou s'ils ne peuvent l'atteindre, les voilà qui font campagne contre le livret. Ils l'épluchent si bien, que tout l'édifice, si laborieusement bâti par le parolier et le compositeur, s'écroule et disparaît pour jamais. Quitte au compositeur à servir, s'il le peut, les mêmes airs ajustés sur un livret aussi mauvais sinon pire que le premier.

Lorsqu'un écrivain est attaqué, il écrit le lendemain un long plaidoyer pour se défendre. Il a été blessé par l'arme cruelle de son confrère ; à son tour il le perce de part en part, et retourne à plaisir le fer dans la plaie. Justes représailles.

Il en est autrement des compositeurs et des

6.

librettistes. On a beau diriger contre eux des attaques injustes, ou tout au moins exagérées, il est d'usage qu'ils ne répondent point.

Si ces critiques dont la mission consiste à *éreinter*, étaient un tant soit peu musiciens, ils verraient combien ils sont ridicules dans leurs appréciations sur les livrets.

Ils ne savent pas que la musique a des exigences sans nombre et que le librettiste doit, sur les instances du compositeur, toucher et retoucher ses paroles, ajouter des vers ou en retrancher à chaque pas, changer leur mesure et leur rythme, substituer une rime masculine à une rime féminine et réciproquement, rayer des scènes entières, etc., etc....

Et le compositeur, non content de ces changements et de ces retouches multipliés, change les expressions ou ajoute des mots de son cru, faisant ainsi des vers de quinze et dix-huit pieds. A la lecture, ces monstruosités produisent sur l'oreille des amateurs la même impression désagréable qu'une succession de quintes sur l'oreille d'un musicien. Et pourtant cela ne choque plus avec la musique.

C'est ainsi que Meyerbeer, dans l'*Africaine*, a substitué au mot *navire* le mot *vaisseau* qui ne rimait plus, mais dont la consonnance était plus favorable à la phrase musicale.

C'est ainsi que dans ces vers :

> Salut ! demeure chaste et pure, où se devine
> La présence d'une âme innocente et divine.

Gounod a coupé sa musique comme si les vers étaient ainsi mesurés :

> Salut ! demeure chaste et pure,
> Où se devine la présence d'une âme innocente et divine,

donnant, par là, dix-sept pieds au second vers, et écrivant la musique comme si le mot *pure* eut rimé avec le mot *divine*.

Et ces vers, mariés à la phrase musicale de l'immortel auteur de *Faust*, loin d'être choquants, produisent sur l'oreille et dans l'âme une harmonie suave comme le sentiment qu'ils expriment.

Ceci semblerait démontrer que, dans bien des cas, la prose se prête à la musique aussi bien que les vers. — C'est d'ailleurs ce qui a lieu dans les chants religieux tels que la messe, le *Te Deum* et tant d'autres. (*)

J'ai encore ouï dire, mais je ne puis l'affirmer, qu'un sujet étant donné, certains maîtres écrivaient leurs idées musicales sur des mots pris au hasard, et qu'ensuite le librettiste était obligé de remplacer ce *baragouin* par des phrases en vers, dont le sens était en rapport avec le sujet.

Je vous le demande un peu ; est-il juste, après les faits que je viens de signaler, de tant crier contre les livrets ? Et qu'on ne croie pas qu'il soit donné à tout écrivain de faire un livret, même banal.

Tel qui compose d'excellentes pièces de vers, tel qui écrit l'histoire ou 'e roman, serait bien embarrassé pour écrire une pièce destinée à être mise en musique. Il faut avoir un coup de main tout particulier pour cela. Dans un roman, peu importe que l'auteur se livre à des digressions interminables ; il a toute latitude. Un poëte peut écrire impunément deux cents vers

---

(*) Le dernier ouvrage de Gounod, *Gallia*, est en prose.

ou plus, à propos du zéphyr, d'une feuille de rose, d'un ruisseau *qui murmure;* on n'y trouvera rien d'étonnant ; et les amateurs de poésie (assez rares aujourd'hui si je ne me trompe), s'extasieront à loisir sur cette tirade poétique.

En général, la poésie est vague et obscure, elle a besoin, pour être comprise, d'une attention très-soutenue, et même de notes explicatives.

Un livret, au contraire, doit être clair. Il faut que l'action marche rapidement, surtout dans le récitatif. Il ne peut insister que sur les situations capitales. Encore, est-ce le compositeur qui allonge ces situations. Quatre ou huit vers lui inspirent un long duo d'amour. Il a coutume de faire répéter par le chœur ce qui déjà a été chanté, sur une autre musique, par quelques personnages principaux.

Des tirades poétiques à l'instar de celles qu'on sert au Théâtre Français, voilà sans doute qui est beau pour les connaisseurs, mais cela ne vaut rien pour être mis en musique.

Croit-on, par exemple, que les tragédies d'*Esther,* d'*Athalie,* etc.... puissent inspirer un musicien? — Ces beaux alexandrins, ces beaux dialogues, fort intéressants quand ils sont déclamés, ne seraient que longueur et monotomie si l'on entreprenait de les faire chanter. Je le répète donc, le livret est une spécialité, une chose à part, qui n'est ni de la littérature ni de la poésie.

Il ne peut être qu'un tissu de lieux communs et de mots sonores, ajustés pour les besoins de la cause, absolument comme les discours des commis-voyageurs politiques.

Je ne comprends pas qu'on reproche aux nouveaux venus ce qu'on supportait chez les librettistes passés.

Il convient, pour l'intelligence de cette thèse, de citer ici quelques vers des opéras qui, grâce à la beauté de la musique, sont reconnus chefs-d'œuvre. Scribe, passant pour avoir fait les livrets les moins mauvais, c'est de son répertoire que je vais tirer quelques exemples à l'appui de ce que j'avance.

Pour ne pas ennuyer le lecteur par des citations qu'on pourrait multiplier à l'infini, je vais prendre au hasard parmi les opéras les plus connus.

On se convaincra que les tours employés pour rendre les divers sentiments, ne sont en somme qu'une série de phrases et de mots à effet, convenus entre paroliers, et les seuls possibles, à cause des nécessités de la musique.

Le lecteur pourra vérifier la justesse de mes assertions en lisant d'un bout à l'autre les livrets de Scribe, si toutefois ses nerfs lui permettent de mener à fin cette courageuse entreprise.

Loin de blâmer les pensées vulgaires qui vont suivre, je les approuve, parce que je suis convaincu qu'il n'en peut être autrement.

Je ne soutiens qu'une chose : Un livret ne peut être bon. Les anciens, que l'on gobe, ne valent pas mieux que les modernes, que l'on traque.

J'en ai donné les raisons; prenons maintenant les exemples à l'appui.

Voici d'abord une prière :

> O Dieu puissant ! Dieu tutélaire !
> Du haut des cieux

Entends nos vœux !
Dieu puissant ! Dieu tutélaire !
Nous t'implorons à genoux !
Daigne exaucer notre prière
Et bénir ces heureux époux.

(*Muette de Portici*, acte 1er, scène IV.)

Voilà un spécimen ; si on veut parcourir les autres livrets, on retrouvera toujours le *Dieu tutélaire* qui, *du haut des cieux,* doit ou peut *exaucer des vœux.* On l'implore *à genoux,* et, aussi, à *deux genoux.* Ce dieu *tutélaire* doit toujours *bénir un doux hymen,* ou deux *heureux époux,* ou une *noble entreprise.* Dieu a encore pour mission de *soutenir le courage,* d'*apaiser son courroux,* de *jeter un regard propice,* etc....

On lit, dans le même livret de *La Muette,* un chant d'allégresse ainsi conçu :

Quel bonheur ! quelle ivresse !
Par nos chants d'allégresse
Célébrons en ce jour
L'hymen et l'amour. *(Acte* 1er *scène V).*

Dans *La Juive,* au commencement du premier acte, Scribe fait dire par le chœur :

Hosanna ! plaisir ! ivresse !
Gloire, gloire à l'Éternel !
Et que nos chants d'allégresse
Retentissent jusqu'au ciel !

Tous les chœurs à boire ont aussi de grands rapports avec le suivant :

Du vin ! du vin ! du vin !
Bénissons le destin
Qui fait qu'ainsi soudain
L'onde se change en vin.
Du vin ! du vin ! du vin !

(*La Juive*, acte 1er, scène V).

Voici, dans *Le Domino Noir*, de singuliers couplets :

1er couplet.	La belle Inès Fait florès Et elle a des attraits, Des vertus; Et, bien plus, Elle a des écus.	2e couplet.	Jeunes garçons Bruns et blonds Lui font les yeux doux, Qui de nous Voulez-vous Prendre pour époux ?

etc.... etc.....

Voulez-vous un chant de triomphe ? — Voici :

Honneur, honneur et gloire !
Célébrons ce héros (naturellement).
On lui doit la victoire,
La paix et le repos. (sans nul doute).

(*La Muette*, acte 4e, scène IX).

Je ne puis m'empêcher, en coupant court à ces citations, de transcrire ici, comme point de comparaison, le chœur final de la fameuse cantate donnée au concours, en 1867 *(les noces de Prométhée)*, qui a fait tant battre les cœurs d'une centaine de compositeurs de tous pays, pour arriver à un résultat nul :

> Triomphe ! Victoire !
> Paix et liberté !
> C'est le jour de gloire
> De l'Humanité ! (*)

Il y aurait matière à un gros volume si on voulait insister sur les locutions employées dans les récitatifs, dans les airs ou cavatines, dans les couplets, etc. . . .

Il y a régulièrement un personnage qui vient parler *du trouble, de l'effroi . . . . dont son*

(*) Cette cantate devait, d'après les statuts du concours, être exécutée au Palais de l'Expositon du Champ de Mars par un millier de musiciens et de chanteurs. Il n'en fut rien, M. Saint-Saens remporta le prix six ou huit jours après le dépôt des manuscrits. (Cent un manuscrits examinés et jugés en huit jours !). Lorsque ce compositeur se présenta à la commission pour demander qu'on jouât sa cantate, suivant les conditions publiées au journal officiel, il fut accueilli par une fin de non-recevoir, sous prétexte qu'il n'y avait plus d'argent.

cœur est ému. — Du *malheur qui l'oppresse.*
— De *son cœur qui frémit d'épouvante et
d'horreur.* — Du *serment solennel* qui *engage
sa foi.* — De son *cœur qui palpite* — ou *bat*
d'espoir et de bonheur. — De la *jeune beauté
que son cœur sut choisir* — etc.... (Robert-
le-Diable).

On y rencontre encore des entre-filets dans
ce goût :

> N'ai-je donc pas ta foi,
> Ton amour, tes serment? ?.... et je meurs loin de toi.
>
> . . . .
>
> C'est le ciel qui vers nous a dirigé leurs pas.
>
> . . . .
>
> Oui, je viens *en ces lieux* préparer la vengeance
>
> . . . .
>
> D'un amant malheureux, ah ! plaignez la souffrance
> Et ce fer dans son sang me donnera vengeance.
>
> . . . .

Que dire de la sempiternelle *espérance de
l'amour* qui *calme ma souffrance en ce jour?*
Que penser de ce messager qui ne peut
paraître sans dire : *Oui, je viens en ces lieux
t'annoncer la vengeance,* ou *t'annoncer la.*

victoire ; de cet autre qui ne peut dire un mot sans parler de son *glaive,* de son *épée* ou de *ce fer*?

Et de ceux qui ne savent entrer en scène sans annoncer d'abord qu'ils viennent *en ces lieux*?

Je n'en finirais pas si je voulais énumérer cette série de phrases faites qui sont reproduites dans tous les livrets d'opéra.

Eh bien ! quelque ridicules et usées qu'elles paraissent à la lecture, elles sont très-variées grâce à la musique. Chaque compositeur y met sa note à lui, suivant les situations. Et, de plus, on y peut adapter la musique bien mieux qu'on ne l'adapterait à de beaux vers. Les beaux vers mis en musique seraient de véritables énigmes. Ils ressortent mieux lorsqu'ils sont déclamés que lorsqu'ils sont chantés. Il y a certaines finesses d'expression, certaines réticences qui, loin de ressortir avec la musique, nuiraient plutôt à cette dernière.

Pourquoi donc ne laisse-t-on plus passer aujourd'hui ces lieux communs, ces mots sonores si bien faits pour porter la phrase musicale ?

Voilà pour la forme.

Quelques mots sur le fond.

A mon avis, on devrait aussi se montrer moins difficile sur le fond au sujet des livrets. De même qu'on fait la guerre aux drames à cause de l'inévitable *traître, du collier* ou de *la croix* qui servent au dénouement, de même on traque les librettistes à cause de la banalité de leurs sujets.

Dans l'opéra-comique, c'est une double intrigue d'amour, une paysannerie bretonne ou écossaise, le ténor est en général un jeune officier ou un jeune lieutenant de vaisseau, ou un brigand (d'opéra-comique), soldats *de papel*, comme disent les espagnols. C'est un père, un tuteur ou un oncle qui s'oppose à *un doux hymen*; pour le réduire, on emploie ou la ruse ou la force, ce qui n'est pas très-respectueux. Enfin, le bonhomme, trompé ou réduit, est obligé à consentir à un mariage. On voit des amoureux envahir, de jour où de nuit, la demeure de leur *charmante beauté*. Escalade, effraction, tous les moyens sont bons, mais le délit n'est jamais puni ; — il n'y a pas des gendarmes pour de vrai à l'opéra-comique.

Dans le grand opéra, nous voyons sans cesse le mal luttant contre le bien qui finit par triompher ; — la lutte encore entre l'amour et le devoir — témoins *la Favorite, les Huguenots, Guillaume Tell, l'Africaine* et tant d'autres. L'amour et la haine y jouent les principaux rôles ; avec cette différence, entre l'opéra-comique et le grand opéra, que, dans ce dernier, l'amour est toujours malheureux, et que cette passion s'élève jusqu'au paroxysme.

Retranchez de l'opéra l'amour et la haine à tous les degrés, il n'y a plus matière à musique dramatique. Jamais d'autres sentiments n'ont inspiré les compositeurs. Force donc au librettiste de s'en tenir là.

Dans les livrets, il y a encore un tel décousu,

qu'on se demande à chaque instant ce que vient faire tel incident, telle chanteuse ou tel chanteur. Ce qu'ils viennent faire? le voici : Ne fallait-il pas ici une fête ou un chœur, pour les besoins de la musique? — Voilà pour l'incident. Ne fallait-il pas une chanteuse légère qui, non contente d'être la suivante de la forte chanteuse, vint, sans rime ni raison, roucouler ses amours.... qui sont dans la coulisse? — Voilà pour la chanteuse.

Mais, ce chœur, que vient-il faire au milieu d'une délibération secrète entre deux principaux personnages? D'où sort-il? — De la coulisse, parbleu! Il ne surprendra pas le secret: le chœur est sourd ou du moins, il est censé ne pas entendre. Il est là avant tout pour chanter; et l'on serait fort naïf de croire qu'il y est pour quelque autre objet.

En somme, que va-t-on faire à l'opéra? Entendre de la musique? Place donc aux chanteurs !

Mais la pièce? — Il n'y a pas de pièce à l'opéra, vous dis-je; il n'y a que de la musique. Vous voulez une pièce? Allez-vous-

en donc au Théâtre-Français ou au Vaudeville.
Là, vous serez servi.

On comprend qu'un livret *stupide* ne puisse
être admis; dans ce cas, il n'y a pas lieu
de regretter la musique, parce qu'une stupidité
ne peut rien inspirer de bon au compositeur.

Mais qu'un opéra tombe parce que le livret
est simplement plat ou commun, voilà qui
est regrettable ; car il n'en peut être autrement;
il n'y faut point chercher du génie ; on
n'y trouverait que ce qu'en termes du métier
on appelle des *ficelles*.

Nos prédécesseurs l'ont mieux compris que
nous, et ils ne sacrifiaient pas une belle partition
à ces vétilles.

Ne serait-ce pas un vandalisme que de
supprimer de la scène *Le Domino Noir,*
Fra-diavolo, Zampa, La dame blanche, Faust,
Lalla-Roukh, Guillaume Tell, Robert, etc...,
sous prétexte que les livrets en sont plats?...

Eh bien ! ce qu'on n'osa pas faire, il y a
quelque temps, on le fait aujourd'hui pour les
ouvrages nouveaux. On sacrifie de la fort belle

musique, parce qu'on trouve que les livrets sont plats et communs.

C'est un malheur pour l'art musical.

7.

CHAPITRE X.

MOSSIEU X., CRITIQUE.

—

Avez-vous entendu le *Premier jour de Bonheur*, mon cher lecteur? — Oui, n'est-ce pas? — Y avez-vous remarqué des accords de septième diminuée? — Vous n'en savez rien?... Je m'y attendais.

Mossieu X., critique d'art de la plus belle eau, Mossieu X., critique à tant la ligne, est plus fort que vous. Il vous dit, lui, qu'il n'y a pas d'accord de septième diminuée dans cet opéra.

Ce Mossieu X. est un excellent garçon; mais il

n'aime guère les nouveaux venus. Si un *jeune* (*)
compositeur eut fait le *Premier jour de bonheur*,
voire même les *Huguenots*, Mossieu X., critique, eut trouvé ces opéras détestables : c'est
assez vous dire son horreur pour les jeunes.
Après cela, les jeunes compositeurs n'ont plus
qu'à se faire clercs d'avoué.... ou (ce qui est
plus lucratif et moins triste), à servir les maçons
s'ils n'ont, par ailleurs, du pain sur la planche.

Écoutez-le plutôt :

« M. Auber — dit-il — a produit de magnifiques effets dans le *Premier jour de bonheur*,
sans qu'il ait eu besoin, pour cela, d'employer
l'accord de septième diminuée ni les cris rau-
ques du trombone, combinaisons déchirantes
dont les jeunes compositeurs infestent leurs ouvrages.... »

« Allons ! — s'écrie-t-il plus loin — place
aux Vieux ! »

(*) Pour le lecteur peu versé dans les termes de théâtre,
je dois expliquer qu'un *jeune* est souvent un vieillard.
Ainsi : A soixante ans vous abordez pour la première fois
une scène lyrique, ce qui n'est guère facile si vous n'avez de
hautes protections ou cinquante mille francs à y dépenser:
Vous êtes un *jeune*.

Mossieu X,, critique, a les nerfs délicats.

Mais où donc a-t-il vu assez d'opéras d'auteurs nouveaux, pour englober toute la jeune génération dans son bill d'excommunication? On n'a guère joué, depuis dix ans, que la *Fiancée d'Abydos*, de M. Barthe ; *Sardanapale*, de M. Joncières, et *Déborah*, de M. Devin-Duvivier.

Ces opéras ont été montés exceptionnellement, pour la forme, et par acquit de conscience (histoire d'avoir l'air de protéger les jeunes compositeurs). M. X. eut pu en voir beaucoup d'autres, car il y en a des quantités, et, sur le nombre, peut-être trouverait-on quelque chose de bien ; mais il est convenu qu'il n'y a plus de compositeurs, et par suite, l'on n'examine aucun de ces opéras, sous prétexte qu'ils « ne doivent rien valoir. »

C'est logique.... si l'on veut.

Puisque Mossieu X., critique, a cité Auber, je vais lui répondre par Auber.

Je ne connais pas le *Premier jour de bonheur ;* je ne puis donc dire si l'accord de septième diminuée ne s'y trouverait pas au moins une fois. Et, s'y trouva-t-il, où donc

serait le mal, sinon que dans les oreilles de
Mossieu X. ?

Mais je puis citer d'autres œuvres d'Auber,
dans lesquelles cet accord a été écrit avec le
plus rare bonheur, notamment dans le beau
morceau d'*Haydée :*

Ah ! Que Venise est belle....

notamment encore dans l'ouverture de la *Muette de Portici.*

Mossieu X., critique, parle évidemment ou de
parti pris, ou sans connaissance de cause. De
plus, il est maladroit, puisqu'il se sert d'argu-
ments qu'il suffit de retourner contre lui, pour
renverser ses théories.

Il cite Auber comme n'ayant pas besoin,
pour produire son effet, de l'accord de septième
diminuée « ni des cris de trombone », et précisément un des chefs-d'œuvre du maître, *La
Muette,* débute par cet accord avec accompagnement de cuivres et de batterie.

Ouvrons encore *Haydée,* cette perle fine dont
nous faisons nos délices chaque fois qu'il nous
est donné de l'entendre. — J'y trouve un en-

t'racte qui, d'après la thèse de Mossieu X., doit déparer horriblement cette charmante partition, absolument comme une verrue en pleine figure, déparerait la beauté la plus irréprochable.

Il y a, dans ce morceau, un épouvantable charivari où les trombones et la batterie, qui frappe à coups redoublés, couvrent affreusement un bel air de bravoure ; cet accompagnement, quoique commandé par la situation, est exagéré et semble écrit pour un établissement de sourds-muets.

Quant au bel air de bravoure, il passerait inaperçu, s'il n'était, au lever du rideau, répété par un ténor, avec un accompagnement moins formidable, sur ces paroles :

> Vive la mitraille !
> Bravons sa fureur !
> Un jour de bataille
> Est un jour de bonheur.

Si cela avait été écrit par un nouveau venu, Mossieu X., critique, n'aurait pas manqué d'imprimer, le lendemain de la première représentation, un entrefilet dans ce goût :

« L'auteur de la musique a cru, sans doute, comme il s'agit de mitraille dans le livret, que c'était pour lui un devoir de mitrailler son public. — A l'école ! gamins, à l'école ! étudiez donc les maîtres, et dites-moi s'ils ont besoin de tout ce tintamarre pour produire leurs effets.... »

Hélas ! oui, Mossieu **X.**, ils en ont besoin ; à moins qu'ils n'aiment mieux faire soupirer une mandoline pour imiter des coups de canon.

⁕

Mossieu **X.**, critique, lance encore des tirades comme celle-ci :

« Ce qui est permis à Meyerbeer n'est pas permis à tout le monde. »

C'est-à-dire que le même effet écrit par moi, inconnu, n'aura pas la même valeur que s'il était signé : Meyerbeer ! c'est-à-dire que deux et deux font quatre, si Newton le dit, et que moi, inconnu, je chante faux si je dis : Deux et deux font quatre !

Enfin, Mossieu X., critique, est de ces parisiens qui croient les écrevisses rouges parce qu'on les sert ainsi dans les restaurants du Palais-Royal, et il « blague les provinciaux » qui connaissent pourtant leur véritable couleur. Pour lui parisien, les nouveaux compositeurs sont les provinciaux de la musique.

En vérité, Mossieu X., vous êtes d'une force...

Vous n'avez donc pas vu Carcassonne ?

Ah ! il vous faut voir Carcassonne.

CHAPITRE XI.

LES RÈGLES.

—

Il ne faut pas parler musique avec le premier musicien venu. Il semblerait que l'*accord* doit régner entre musiciens. C'est une erreur : jamais il n'y a eu plus de désaccord qu'entre deux musiciens..., sans parler, bien entendu, des *jurisprudents* et des rats de Palais, lesquels laissent les musiciens à cent lieues derrière eux ; sans parler encore des politiques (on y revient toujours !) entre lesquels l'accord est parfaitement impossible, attendu qu'il n'y a place, dans une préfecture, que pour un seul préfet.

Voici ce qui m'arriva, il y a quelque temps,

avec un organiste d'une grande cathédrale.
Je voulus causer musique avec lui ; c'était
assez naturel : nous ne fûmes pas d'accord.

Après qu'il m'eût fait voir les innombrables
ressources de son bel instrument, je lui demandai
s'il ne jouait pas *quelquefois* des hymnes
en faisant entendre le chant simultanément
à la basse et à la partie aiguë, combinaison
absolument défendue par les traités d'harmonie,
comme produisant une succession d'octaves.

Le brave homme, en parfait puriste qu'il
était, demeura interloqué comme s'il avait
reçu un soufflet.

— Vous voulez rire ? me dit-il, après avoir
repris haleine.

— Nullement. Je puis vous citer l'exemple
d'un grand maître moderne : Gounod a employé
avec bonheur cet effet, tout prohibé qu'il soit,
dans le cinquième acte de *Mireille*, où il
a adapté le magnifique chant du *Lauda Sion
Salvatorem* à ces paroles :

> Le voile enfin s'est déchiré ;
> Le noir tombeau enfin s'est éclairé.
> Voici le trésor sacré.

— Eh bien! il a eu tort, me répondit d'un ton bourru cet esclave des règles. Ces messieurs se permettent des licences impardonnables.

Avec un tel rigoriste, il n'y avait plus à discuter ; je n'insistai donc pas, lui laissant son opinion et gardant la mienne.

Cette licence, dans certains cas, et notamment dans celui que je viens de citer, est pourtant d'un effet large et majestueux.

Une autre fois, j'entendis un élève, prix d'orgue du conservatoire, soutenir avec l'aplomb des échappés de collège, que Gounod aurait mieux fait d'écrire ce même passage en contrepoint ; et, se mettant au piano, il joua ou plutôt crut jouer le *Lauda Sion*. Personne, dans l'auditoire, ne sut distinguer cette belle mélodie que le virtuose noya dans un déluge de notes et de parties, ce qui produisait l'effet de plusieurs voix chantant simultanément en tyrolienne sur des syllabes et des tons différents.

Le chant d'un millier de crapauds donnerait encore une idée de cette incroyable musique.

Voilà l'effet du contrepoint employé sans intelligence.

⁕

Sans doute, les règles et les traités sont d'excellentes choses pour initier les commençants aux innombrables secrets de l'art.

Mais elles ne saurait tout prévoir, ou bien il faut admettre qu'il n'y aura plus d'hommes de génie.

Le génie plane au dessus des règles de conservatoire. Une belle hardiesse de Meyerbeer ou de tout autre, si elle est bien à sa place, est préférable aux alignements de tel professeur du conservatoire de ***, que je ne veux pas nommer; et je suis convaincu que ce professeur-là a une assez haute idée de son *génie* pour ne pas se reconnaître dans cette innocente insinuation. Tant mieux....

Qui donc ne préfère encore une sublime excentricité de Berryer ou de Lacordaire à tous ces *magnifiques* discours « d'usage » (!!) de Messieurs de l'Université? lesquels discours d'usage, j'en suis bien fâché pour eux, sont tous coulés, dans le même moule, et n'ont d'autre mérite que de faire bailler les auditeurs.

Ils disent dans un style ampoulé, régulier et flagorneur, ce que leurs auteurs ne pensent pas. La rhétorique et le décorum le veulent ainsi; c'est bien, n'en parlons plus.

Beaucoup d'excellents compositeurs ont secoué les chaînes que, de par le conservatoire, les traités d'harmonie, de fugue et de contrepoint s'efforcent de river à leurs pieds. Ils ont bien fait ; c'est ainsi que l'art progresse, car, en définitive, les traités sont faits d'après les œuvres des maîtres, et nullement ces œuvres d'après les traités, qu'il faudrait refondre et augmenter tous les dix ans.

Qui trop veut règlementer d'une manière absolue ne règlemente rien.

Un jour, l'Académie voulut poser une règle *ad usum poetarum*. Elle décida donc, en assemblée générale et solennelle, qu'il suffisait de faire rimer les *trois* dernières lettres. Exemple :

Ga-*lon*,
Fre-*lon*.
Capit-*ole*,
Monop-*ole*.

Or voici ce qui advint : L'honnête société avait compté sans Piron, lequel réfuta cette règle en lui envoyant ce terrible quatrain :

Ci-gît Bardo-*che*
Marguillier de St-Eusta-*che*.
Il porta sa halleba-*rde* :
Que Dieu lui fasse misérico-*rde*.

L'Académie ne répondit pas. Elle se contenta de ne jamais ouvrir ses portes à ce mauvais sujet de Piron..... auquel Dieu fasse misérico-*rde !*....

CHAPITRE XII.

LE PRIX DE ROME.

—

Une anecdote, si vous le voulez bien ; cela vous fera entrer dans le vif de la question.

Un pauvre diable de compositeur, ou plutôt d'aspirant compositeur, me disait un jour :

J'ai manqué le prix de Rome; mais je compte arriver tout de même. J'ai commencé un *ô salutaris* à trois voix. J'y travaille depuis trois ans.

— Ce sera un chef-d'œuvre, lui dis-je.

— Comment?...

— Dame ! après trois ans....

— Seulement, ajouta-t-il, l'inspiration ne

vient pas bien en France : je vais la chercher en Italie, à l'instar des prix de Rome.

Bon voyage, cher ami.

Pour moi, je suis parfaitement convaincu que cet *ô salutaris* ne sera jamais terminé. Si ce bonhomme n'a pas de l'inspiration à Carpentras ou à Fouilly-les-Pompiers, il n'en aura pas davantage à Rome.

Aussi, n'ai-je jamais pu m'expliquer pourquoi l'on envoie à Rome les lauréats dits prix de Rome. Est-ce parce que dans la ville éternelle on fait de la musique cent fois pire qu'à Paris ? Dès lors, les piètres résultats obtenus ne m'étonnent plus.

Je comprends qu'on y envoie les élèves peintres, parce que Rome possède des chefs-d'œuvre de l'art. Là, les futurs maîtres peintres peuvent étudier à loisir Raphaël, Michel-Ange et l'antique, si toutefois ils ne se laissent envahir par le *far niente* traditionnel du pays.

Et, après tout, je ne vois pas ce qu'ont à faire avec l'antique les peintres de melons, d'animaux ou de batailles. Malgré ma bonne volonté, je ne puis comprendre quel rapport existe entre les muscles Michel-Angelesques et le pantalon garance, entre le type *grec* et le type de nos fantassins.

Puisque, à la rigueur, un peintre pourrait se passer d'aller se réchauffer au soleil de l'Italie (il y a certes de quoi voir et de quoi copier à Paris !) à plus forte raison pourrait-on se dispenser d'y lancer, tous les ans, un musicien escorté de vingt-quatre ou vingt-cinq mille francs, trois fois plus qu'il n'en faut pour faire des folies.... à vingt ans !

Ce n'est pas tout, pour le candidat, que d'avoir triomphé, d'abord de l'épreuve préparatoire qui consiste à écrire un chant et une fugue (toujours des fugues !) et puis, de l'épreuve définitive, dans laquelle une cantate est mise au concours. Le premier venu peut apprendre à alligner des accords et à suer des fugues sans être pour cela un flambeau, de même que le premier venu peut apprendre à versifier et à acrosticher, sans être pour cela un poëte.

Donc, avec un peu de talent et beaucoup de protections, il est aisé de franchir ces obstacles

8

et d'être sacré, à tort ou à raison, lauréat ! Pour
la plupart de ces lutteurs, les vingt-quatre
mille francs sont la véritable pierre d'achoppe-
ment. Ce résultat matériel obtenu, ils se sou-
cient peu de la gloire. Cela est triste à dire,
mais il y a cent à parier contre un que cela est
ainsi.

Or, lorsque, sous la Convention, on institua
ce prix, le véritable but n'était pas de faire
tenir les vingt-quatre mille francs à un individu
parce qu'il savait écrire proprement un chœur,
une fugue et une cantate. Les fondateurs se
souciaient fort peu de poser les bases d'une
fortune en faveur de spéculateurs qui, éblouis
par cet appât, consentiraient volontiers à passer
quatre ou cinq années au conservatoire, afin d'y
apprendre la musique, le contrepoint, l'acroba-
tie, etc.... Ils avaient un but plus noble, et
pensaient par là résoudre le difficile et éternel
problème de l'avenir des compositeurs français.
Ils pensaient, par ce moyen, tirer de leur obs-
curité des hommes dignes de figurer au premier
rang.

Ils se sont trompés : *(Errare humanum est !)*

Cette institution, il est vrai, nous a donné Hérold, Halévy, Félicien David, Gounod et Thomas ; c'est beaucoup ; mais c'est déjà peu, si l'on songe que, depuis la Convention jusqu'à nos jours, il a été décerné un prix chaque année (sauf en 1867).

Et l'on a à peine trouvé cinq ou six compositeurs dramatiques. Encore suis-je persuadé que ces intrépides et glorieux athlètes ont *percé* par eux-mêmes (toujours après de longues luttes et d'innombrables déceptions), et qu'ils ne sont redevables à la dite institution que du susdit magot.

Un compositeur ne demande qu'une chose :

Voir ses œuvres arriver jusqu'au public.

Pour cela, il faut de l'argent.... Juste de quoi monter un opéra, soit la bagatelle de cinquante à cent mille francs, par exemple ceux que la ville de Paris donne, tous les ans, au cheval de course, dont j'ai déjà parlé au chapitre des concours.

Arrivé devant le public, le compositeur n'a que faire du Jury, du prix de Rome, du magot ni du *far niente*.

Ne vaudrait-il donc pas mieux, si on ne veut affecter à un musicien les cent mille francs du cheval (et un musicien vaut bien un cheval, je crois), ne vaudrait-il pas mieux ne donner un prix que tous les deux ans ? ainsi on pourrait employer cinquante mille francs, souvent dépensés en fredaines, à faire représenter un opéra du lauréat, et le public, seul juge reconnu, consacrerait l'opinion du Jury ou lui donnerait un juste et formel démenti. (*)

Voilà, en attendant mieux, une modification bien simple et bien naturelle. Mais je crains bien de prêcher dans le désert. Ceux qui pourraient remédier à cette situation sont comme les idoles des nations *(aures habent etc....)*, et paraissent tout disposés à faire comme ces médecins de Molière, lesquels avaient juré de

Non jamais se servire
De remediis aucunis
Quàm de ceux seulement doctæ facultatis
Maladus dut-il crevare.

(*) Le théâtre lyrique avait été institué pour faire entendre les opéras des prix de Rome et des jeunes compositeurs. C'était sans doute pour cela qu'on y jouait du Gluck, du Méhul et du Mozart.

Les remèdes *doctœ facultatis* sont les concours et le prix de Rome. Ils ont toutes les
vertus requises pour aider le compositeur
(maladus) à *crevare* dans la plus atroce souffrance : celle de l'espoir trompé.

ERRATA.

—

Page 57, ligne 14, lisez *m'indiquât*, au lieu de *m'indiquassent*.

Page 85, ligne 3, lisez *monotonie*, au lieu de *monotomie*.

TABLE.

FIN.

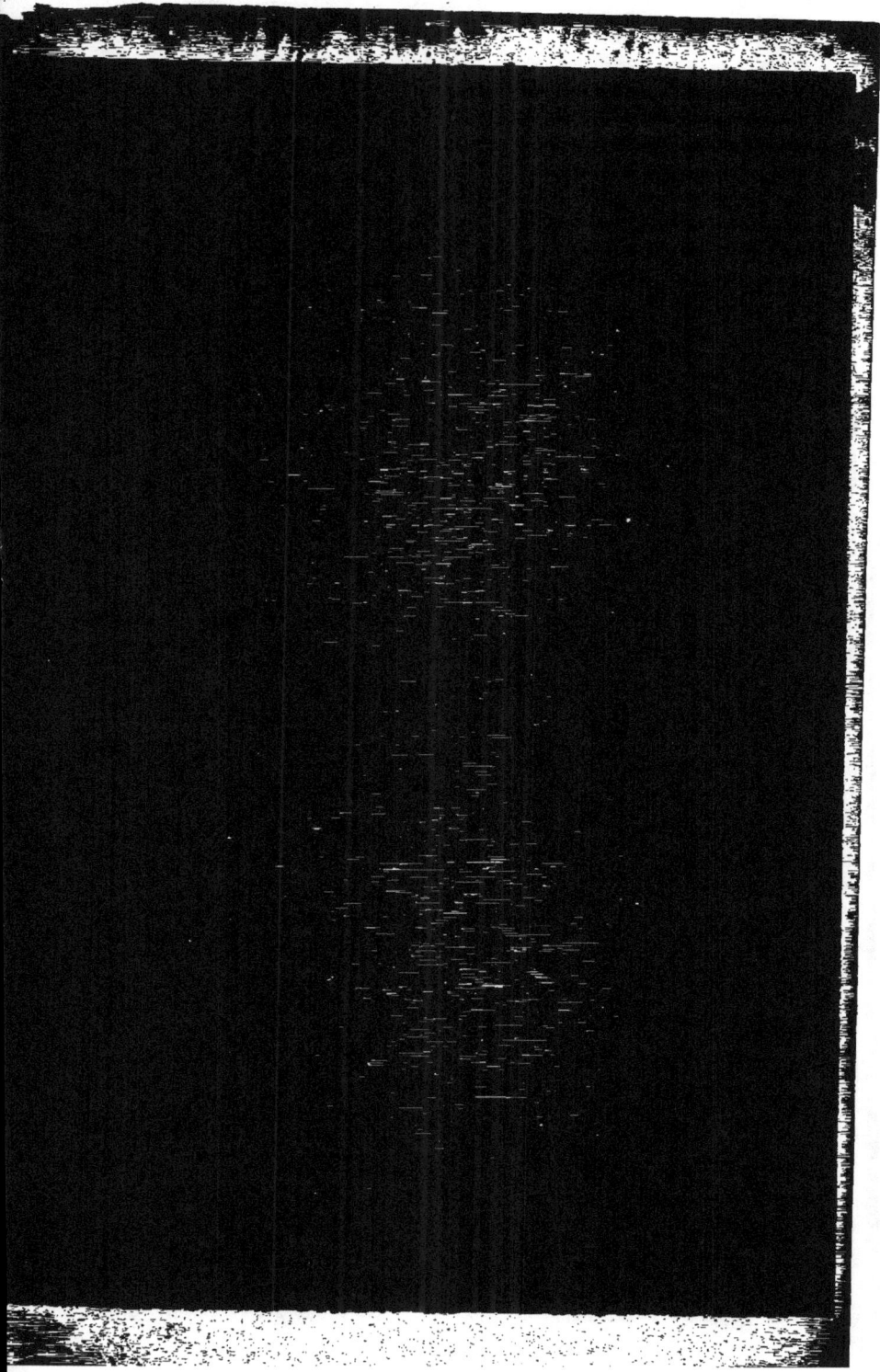

MARQUE.

www.ingramcontent.com/pod-product-compliance
Lightning Source LLC
Chambersburg PA
CBHW071837090426
42737CB00012B/2270